莒北
作田记

刘 旻

一部未来乡村实验志

ZHEJIANG UNIVERSITY PRESS
浙江大学出版社
·杭州·

图书在版编目（CIP）数据

莒北作田记 ： 一部未来乡村实验志 / 刘旻，陈杰，
耿继秋著. -- 杭州 ： 浙江大学出版社，2025. 7.
ISBN 978-7-308-26517-1

Ⅰ. K925.55

中国国家版本馆 CIP 数据核字第 2025V9M543 号

莒北作田记——一部未来乡村实验志

刘　旻　陈　杰　耿继秋　著

责任编辑	李海燕
责任校对	朱梦琳
装帧设计	雷建军
出版发行	浙江大学出版社
	（杭州市天目山路 148 号　邮政编码 310007）
	（网址：http://www.zjupress.com）
排　　版	杭州棱智广告有限公司
印　　刷	杭州宏雅印刷有限公司
开　　本	710mm×1000mm　1/16
印　　张	19.25
字　　数	231 千
版 印 次	2025 年 7 月第 1 版　2025 年 7 月第 1 次印刷
书　　号	ISBN 978-7-308-26517-1
定　　价	128.00 元

序

我们应该这样去热爱苕溪

2022 年秋，一个偶然的机缘，我认识了在北京媒体工作的陈杰、刘旻，当时他们正在采访余杭的农村集体经济职业经理人，相谈之下十分感慨于两位对将余杭作为浙江最发达地区的村级集体经济发展模式的思考。2024 年上半年刘旻联系我，此时他们已经作为文化艺术项目的人才落地余杭街道永安村，并将围绕苕溪八村的"前世今生"撰写一本书，想让我介绍几位余杭区文史专家做采访，并详细地介绍了他们项目的设想、他们收集的相关文献资料以及他们对余杭的认识和了解。这年年末的时候，陈杰和刘旻又专门找到我，请我作为一个曾经在文艺线工作过的余杭人聊聊余杭以及苕溪沿线相关的文脉、历史、人文以及乡村发展，并嘱我作序。

关于苕溪我一直认为，我们要回归和深化她是余杭母亲河的认识和定位，事实上她也毫无疑问是我们余杭的母亲河。万千年间她一路从东天目而来过境余杭，同时也滋养了良渚文化和未来科技城，那些伟大的文化和人们的生活。然而,东苕溪干流的西岸由于先天的地理因素,历史上多发洪灾,旧时大多是外地逃荒或者没有可以耕作的土地的外来移民选择在这里繁衍生息。

2021年余杭区划调整后我还在区文联工作,打算做一个苕溪文化的田野调查项目。当时着眼的是余杭区域内的整个苕溪流域,主要是调查苕溪余杭段地貌和文化遗存的现状,收集地理和历史遗存、历史文献等,并形成以苕溪历史文献汇编、文艺创作(包括诗歌、散文和美术)以及纪实摄影作品为主题的系列专题作品和综合展览,进行苕溪文化的展示和挖掘,以形成对苕溪母亲河的文化共识。此后,我开展了项目前期的相关工作,比如对接并邀请了有关学者专门参与并考察了良渚段的苕溪,组织余杭区摄影家协会、作家协会和美术家协会,沿苕溪进行艺术创作和文化考察。但遗憾的是出于一些原因该项目没有完成。所以,当我得知陈杰、刘旻在着手开展苕溪北八村(余杭街道城北八村)的文化项目时,也是喜极而泣。

刘旻嘱我从一个曾经的文艺工作者的角度来作序,我是惶恐的。但我认定了余杭的发展,特别是在改革开放以来波澜壮阔的经济社会发展的潮流中,余杭站上了经济社会发展、科技创新、基层治理自良渚文化以后的又一个高峰。我以为这是历史的选择,也正是我们余杭大气包容、求同存异、共同发展的文化基因选择、拥抱了这个伟大的时代。这种包容性也让余杭成为改革开放以来包括阿里巴巴等许多企业青睐和选择于此蓬勃发展的地方。在这个过程中，余杭自身的文化脉络依然清晰，同时独特的文化认同和文化凝聚力在余杭发展的历史进程中功不可没。

2023年以来，刀郎的歌曲《花妖》被以各种版本改编传唱，它以一个跨越千年的爱情故事为主题，将历史上杭州的各个别称，即余杭、钱塘、临安、泉城、杭城等带向了音乐响起的各个角落。这种以文化和艺术为载体的传播对我们是一个启示，同时也是一个用全国乃至世界视野的以丰富的文学艺术形式来展示和诠释余杭IP的成功范例。它比直接告诉人们一个地方的各类发展数字更容易让人接受，同时也更具历史穿透力和地域影响力，可以实现对余杭更绵长和穿透性更强的宣传效应。我也期待着这本带着三位作者心血的书能给我们带来这样的惊喜！

我是一个地道的余杭人，与陈杰、刘旻和另一位作者耿继秋相比较，他们对余杭文脉的赓续，特别是以温热和柔软的笔触去表达对苕溪北八村这片土地以及在此生存着、奋斗着的人们的热爱，令我十分惭愧。生于斯长于斯、喝着苕溪的水望着宝塔山长大的我们，很多时候对这片生我们养我们的土地以及对在这片土地上劳作的父辈们的凝视，远不如他们。

陈文琴

目录

序章

003 ·········· 人们总是想要留下自己的印记

寻脉

009 ·········· 山水营营向余杭

深描

059 ·········· 洼地，文化生态系统的韧性叙事

对话

123 ·········· 张水宝：从传统稻作到现代农业的永安实践

139 ·········· 刘松：希望走出一条城乡融合发展的新路径

152 ·········· 蒋文龙＆胡晓云：让八村成为杭州城市品牌的独特拼图

163 ·········· 金连登：推动农业向智慧化、智能化方向发展

173 ·········· 闻佳：从土地到心灵的双重耕耘

185 ·········· 吕绍麒：美学与文化是乡村振兴的重要驱动力

口述

199 .... "乡村振兴必须让村民成为主角"

203 .... "关键是把城市资源合理导入乡村"

206 .... "这是发展的需要，错过机会就没有了"

209 .... "希望把永安稻米做成高端品牌"

212 .... "推动传统农业向观光农业转型"

215 .... "期待在农业现代化方面有更多突破"

218 .... "思想观念不能还停留在牛耕时代"

221 .... "让工业园区企业在村里安心发展"

224 .... "我主张借鸡生蛋，先做项目再谈收益"

227 .... "溪塔村需结合自身优势做好差异化"

230 .... "自主性是竹园村发展的核心保障"

233 .... "平衡湿地保护和经济发展是一个挑战"

236 .... "计划把北湖观鸟大赛扩展到径山和南湖"

239 .... "老樟树是我们溪塔村的宝贝"

242 .... "从江南山水中汲取蓝染设计的灵感"

245 .... "打破信息壁垒是乡村发展破题的关键"

248 .... "情怀在乡村振兴中的作用是有限的"

251 .... "打造未来科技城白领的第三空间"

重构

255 .... 稻田和麦田：与土地对话的视觉诗篇

余言

299 .... 一次对苕北"层累性文化景观"的观察与读取

目录

序章

人们总是想要留下自己的印记

地球的表面是松软的，人的脚踩上去会留下印迹，思想旅行的路径也是如此。

2025年春节前后，距离我们最初来杭州市余杭区余杭街道永安村已经四年，我开始急迫地想深入这个村子最原始、最被彻底遗忘的底色、身世，回归到源头，带回一些东西，追寻它的起点和终点。

对永安村的最初印象，相信所有人和我看到的都一样，黄澄碧绿的稻田麦田，形色各异的农民别墅，还有热情洋溢的农村职业经理人——人称"乡村CEO"的年轻人们。他们戴着草帽还是会被太阳晒得皮肤黑亮，每天他们从接待中心开始带着客人参观并作介绍，然后沿着村中心区、稻田区、共享菜地进行参观讲解，最后进入村里的文化礼堂。

在2022年，浙江最发达地区的村庄经营对全国农村来讲还很新鲜，给村集体经济找个市场化的经理人的做法更是闻所未闻，大家最想知道这些年轻人在村庄里到底能做什么？怎么做？能不能坚持下去？我也一样，所以写了第一篇报道《又土又潮的"乡村CEO"》。

很快，没有运营就难以发展村庄经济就成了全国乡村的共识。然后，当看着稻草扎成的巨型猩猩、大象、犀牛伫立田头，白鹭在稻田里低飞，烈日下一队队各地来参观学习的人满头大汗地走在永安村里而不再稀奇，再看到浙江各地按照自己的理解，在乡村大搞网红打卡点、直播带货、民宿、旅拍、咖啡馆的时候，我开始想知道，究竟何为乡村运营？为何乡村要运营？不同的乡村运营模式究竟能走多远？随即以余杭区永安村和临安区洪村为观察点又写了第二篇报道《浙江双村运营记》。

原来，乡村运营现象的背后是中国在继续推动工业化和城市化的过程中，也在同步思考如何应对乡村衰落的问题。在此语境下，乡村将有可能被赋能，并逐步成为具有多种功能的社会经济新空间。这是中国避免乡村消失的新的前景，也是中国式现代化的重要特征之一。

当村庄的轮廓在现代化浪潮中逐渐模糊时，我们或许正目睹着一场关于"存在"的哲学剧变。这些散落于时间褶皱里的村庄聚落，曾是人类与自然签订的最古老的契约，是海德格尔笔下"诗意的栖居"最朴素的实践。

每个或消失或继续的村庄都是人类存在方式的实验室，在进步叙事与存在根基之间，又如何守护本真性的火种？于是，我们在永安村住下来，将视角从乡村振兴的宏大叙事里抽回，投向这片土地本身的皱褶，尝试用文化地理学的视角来重新看待这个独特的空间—社会复合体正在发生的变化。

"层累性文化景观"指的是某一地区或空间，因长时间的人类活动、自然变迁、历史进程等因素，形成了一层层的文化"痕迹"，这些"痕迹"彼此交织，展示了不同历史时期、不同社会群体的活动与文化特征。

人们总是想要留下自己的印记。但本雅明所警惕的"同质而空洞的时间"正在吞噬村庄特有的时序韵律，比如：春种秋收的生命周期、口耳相传的记忆链条、代际更迭的技艺传承。

要搜寻这些印记，穿越大地对写作者来说就很有其必要性，我们在苕溪北八村的平原田畈里边徒步边做调查。田野调查是世界上最古老的移动方式，也是最适合相遇的方式，确切地说是唯一的方式。我已看够了盒子中的文明与温室里的文化。属于我的博物馆是小径，是种地的村民，是村庄里的广场，是生活的细碎，是与陌生人一桌共叙。

这些从田间地头被发现的"深描"不仅仅是山川营城物理空间的痕迹，更是社会生活、社会结构、价值观念等方面的体现。比如水利设施与土地利用的演变、稻作生产与村民的情感与文化纽带、居住形式的变化等，围绕的都是八村的人们如何与自然环境互动、如何组织社会生活。

在田野调查过程中，我们也会面临怎样发现地方自己的"声音"的问题，因为在传统的史地人文资料中鲜有这部分真实记录。所以我们的"对话"和"口述"将尽可能看重今天的声音。新旧文化经常交叉重叠，很难明晰划分，因此村民们的"新思想"和"新文化"不可避免地以新旧杂陈的形式显示出来，以他们的日常劳作、信仰、口述记忆勾勒文化嬗变的边界。

当然，所有的田野调查，都立足于特定的时空坐标，同时也是对所处时空坐标的重新审视与调适，因此，我们在全书的第一部分"寻脉"中，循着山川和地层的肌理，首先检索了自然变迁和人文嬗变所遗留的碎片，并以之为素材，尝试建立一幅包容时空的逻辑拼图，搭建对特定区域的认知框架，进行地理和历史的双重解码，找到探寻和理解其"流脉"的入口；还有美学重构与灵魂写作，这是本书的最后一部分"重构"。正如梭罗在《瓦尔登湖》中所说的那样："成为一个哥伦布，去探索你内心的全部新大陆和新世界吧。你打开的不是贸易的新航道，而是思想的新航道。"

在距离东方的良渚不远的永安村写作，我还想到了西亚的印章珠。

乡村历史的书写不宜平铺直叙，而应通过"下凹"的结构呈现隐性脉络。乡村史更需要主动"减地"，削除宏大叙事的平整表面，让局部纹样隆起为半立体叙事。所以，我理想中的乡村新文化史应像一枚传世的凹雕印章珠，既能按压出清晰的权力纹样（凹雕的乡村治理体制的痕迹），又能在掌中摩挲时感知到凸起的生命质感（凸雕的乡村振兴里个体的突破）。当旁观者试图用"落后／进步"的拓片复刻它时，宝石内部的折射光会宣告：真正的历史，从来不在单一平面上。

在永安村发展的完整构思里，乡土记忆如果能与现代绿色稻作紧密相连，农业产业如果能与现代性的文化艺术深度融合，农田水利工程能助力生物多样性保护，形成一种鲜活的文化生态，那么，这种生态不仅体现在物质层面，更会扎根于村民的生活与精神世界。

每一茬新事物都在覆盖旧事物，却永远无法完全覆盖。有了以上这些层累，再看永安村这样的"粮食生产型乡村"的蜕变，它将不再只有庆典式的锣鼓齐鸣，而是依旧像株水稻，带着毛茸茸的生命力，在阳光下蓬松生长，从内向外舒展出新的文化生态褶皱。

寻脉

山水营营向余杭

维舟古祠下，野饭就鱼羹。坐听篙人说，行逢牵路平。居民难问姓，溪鸭自呼名。天目无由到，沿洄更几程。

——（南宋）朱继芳《苕溪》

城迹：杭城向西是余杭

京杭大运河一路南下，进入杭州城区，经过拱宸桥、小河直街，以及与小河和余杭塘河交汇处的会安桥，在武林门附近拐了一个大弯，几乎成九十度折而向东，与杭州老城的北护城河合而为一，然后在与麦庙港相交之处开始转向南略偏东方向，最终通过三堡船闸汇入浩渺的钱塘江。

武林门，这座始建于隋代的杭州北城城门，曾是沿大运河南来的旅人和客商进入杭州城的必经之地；在没有铁路、公路的时代，杭州人出城往北远行，也多出此门。由于地近京杭大运河，武林门一直是商贾云集之地。每当入夜，城门外的北关夜市上"樯帆卸泊，百货登市"，"篝火烛照，如同白日"。从西湖倦游归来的游人香客，也多集宿于此，熙熙攘攘，人影杂沓，热闹非凡。

武林门得名于明代。据说城门内原有一座高数丈的土丘，五代吴越时期上面常有异虎出现，故名"虎林山"，后来讹传为"武林山"，城门也因此得名。更可信的说法是，在秦汉时期，武林山是西湖周边北、西、南三面群山的统称。从广义上来说，后来因东晋在山上建灵隐寺而得名的灵隐山，也在武林诸山的范围之内。东汉班固在《汉书·地理志》中就说："武林山为武林水之源，东入海，行八百三十里。"武林山麓的台地，正是秦汉时期所设钱唐县（唐代为避国号讳，更名为"钱塘"）最早的城址所在。秦代钱唐县初设之时，武林山以东在内的广大区域（包括后来的西湖），尚未与大海完全隔离，还是一片面目模糊的滨海潟湖或浅海滩涂。宋代以后，"武林"二字甚至成为杭州城的别称。元初，隐居杭州的南宋故臣周密便以《武林旧事》为名，辑录前朝旧闻，书写遗民之痛。明代对"武林"之名的正式启用，大概也是对周密这种家国之思的呼应和唤醒。

武林门早期名为"北关门"，位置在今天武林门码头以北约 2 公里，大运河西岸的夹城巷附近。五代吴越国时期，在城门旁边筑起罗城。南宋定都临安（今杭州）以后，将北关门南移到现在的位置，改称"余杭门"。余杭门是临安城北城三座城门中唯一的旱门。另有两座水门以通舟楫，一座名叫"天宗"，另一座也叫作"余杭"。

作为延续千年的水陆交通枢纽和商埠文化盛地，武林门拆除于辛亥革命以后。如今，武林广场和西湖文化广场分列于大运河拐弯处南北两侧，周边簇拥着鳞次栉比的文化场馆和大型商场，运河上的商船和游船依旧往来不绝。作为杭州市内规模最大的商业区和文化休闲区，这一带继续吹拂着千年不绝的"武林雄风"。

武林地区连同西湖一带，集旅游、商业和文化于一体，一起构成了杭州的第一代城市中心——武林湖滨中心，对应着杭州发展的"西湖时代"。

寻脉

2000 年以后，随着"沿江发展，跨江发展"战略的落地实施，江北钱江新城和江南钱江世纪城陆续进入规划和建设阶段。经过 20 多年的发展，钱塘江两岸昔日的滩涂地带，已经华丽变身为集金融、国际商务、会议会展、体育演艺和现代服务业为一体的杭州第二代城市中心，开启了杭州发展的"钱江时代"。

2012 年以来，在钱江两岸中心建设如火如荼推进的同时，借助互联网经济蓬勃发展的机遇，杭州再次提出实现城区破圈的重大举措——全城向西，打造"第三城市中心"。新的城市中心以杭州未来科技城为核心，缔造城西科创大走廊，集科技创新、总部研发、时尚消费和文化休闲为一体，将曾经满目旷野的杭州西郊打造成一片炙手可热的造梦空间。作为杭州走向具有全球性影响力的科创型城市的重要承载地，这里正在攀登未来科技创新产业的高峰。

从武林地区驾车前往未来科技城，可以从武林广场向北、向西驶入环城北路后驶向天目山路，或者从武林广场以东不远处的中河立交桥向北从德胜立交桥向西驶入德胜快速路及其连接的文一路；更快捷的办法则是进入与上述两条地上路线分别并行的天目山路隧道和文一路隧道。

如果走天目山路地面道路，左侧首先看到的便是西湖风景区及其西部武林诸山。再往前，先后闪现出夹在上述两条地面路线之间的西溪湿地和五常湿地——西溪湿地西区，已经进入杭州市余杭区的地界，也逐渐临近未来科技城的核心区。如果走地下，通过两条并行的地下隧道则可以直接抵达未来科技城核心区。

作为全国公认的四个未来科技城之一，杭州未来科技城被定位为杭州的"第三城市中心"，引领着东起紫金港科技城、西到青山湖科技城的杭州城西科创大走廊，正被打造成为带动全省、服务全国、面向世界、引领未来的创新策源地。自从 2011 年挂牌以来，杭州未来科技城已经荟聚了阿里巴巴、菜鸟网络、字节跳动等众多高新技术企业的全球或地区总部，以及 OPPO、vivo 等科技巨头的全球研发总部或研发中心等；之江实验室、良渚实验室、湖畔实验室等三大省级实验室加强与中国科学院、清华大学、浙江大学、同济大学、上海交通大学、北京航空航天大学等国内一流科研院所和高等院校合作，落地相关创新机构，为未来科技城的基础创新能力打下了深厚的基础。如今，这里也是余杭区政府的驻地。

2022 年 9 月，作为杭州城西科创大走廊重要的综合性配套交通系统，杭州西站在未来科技城北侧开通运营，将杭州"第三城市中心"纳入了立足杭州、连接长三角、辐射全国、面向世界的发展网络。周边的西溪湿地、五常湿地、和睦湿地、南湖公园、东苕溪和青山湖，甚至更远处的良渚古城遗址、小古城遗址、径山禅寺和茶山以及大涤山洞霄宫，则在更广阔的空间内，为这里提供了底蕴深厚的自然和人文生态背景。

杭州西站与未来科技城之间，从京杭大运河边的会安桥延伸而来的余杭塘河横穿而过，往西继续溯流而上，在东门头与南渠河首尾相接，进入余杭老城。南渠河穿行而过的这片城区，如今是余杭区余杭街道的驻地，而在 1958 年原余杭县与临安县合并、县治迁出之前，在 2000 多年的时间中，这里一直是余杭县的治所所在。

余杭设县最早可以追溯到秦王政二十五年，即公元前 222 年，也就是秦始皇统一全国、建立秦朝的前一年。同时设立的还有前文提到的设治所于武林山脚下的钱唐县，两者同属于会稽郡（郡治在吴县，即今天的江苏省苏州市）。但与钱唐县治所多次迁移不同，1958 年以前，余杭县城址始终未曾变化。1958 年以后，余杭的行政区划屡经调整，但县治以及后来的区政府驻地再未迁回。大概是为了与后来的行政驻地相区别，当地百姓至今仍亲切地把这座老城称为"老余杭"。

严格来讲，说老余杭的城址在 2000 多年中始终未曾改变，并不准确。从南渠河岸往北，穿过以直街为东西轴线的诸多巷弄，来到另一条更加宽阔、与南渠河并行东流的河边。这便是发源自东天目山南麓的南苕溪。南渠河西端河首以南不远处，则是东汉时期余杭县令陈浑为调蓄南苕溪洪水而主持开挖的南湖。自秦代设县以来，余杭县城在南苕溪两岸多次迁徙，“避湖之溢则徙北，避溪之涨则徙南”。直到北宋初年，余杭县城才最终定址于南苕溪北岸，俗称“城里”；溪南则为“城外”，那是记录了老余杭商埠盛景和市井繁华的闹市区。自此，老余杭奠定了“溪北为城、溪南为市”的城市格局。

　　2025 年春天，余杭故城遗址考古发掘工作仍在进行中。这场围绕南苕溪南岸老余杭直街区块开展的考古勘探和发掘工作，开始于 2020 年 9 月，揭示了一处从东周经两汉和隋唐延续至今的古今重叠的遗址。特别是东汉时期东、西城墙和护城河的发现，首次明确了古代余杭县城的范围。

　　东汉时期余杭县城的规模和格局，基本被魏晋南北朝和隋唐所沿袭。北宋以后，余杭县城定址溪北。但此次考古在城南仍然发现了北宋晚期废弃的高等级建筑基址，据推测极有可能是当时的税务等官署机构。而作为南宋时期的京畿之地，余杭故城遗址内还发现了大量保存极好的宋代城市遗存，成为研究宋韵文化以及南宋临安城市体系的绝佳材料。同时发现的，还有元代为守御而设的营盘城的西城墙、城门和护城河。

　　考古现场负责人、来自杭州市文物考古所的郭一波认为，余杭故城是浙江省经考古发现和证实的从汉代沿用至今的城址，在中国南方城市发展史上具有典型研究价值。余杭故城上连新石器时代晚期的良渚古城遗址、商周时期的小古城遗址，下启隋代以后的杭州城，成为杭州城市发展史上的重要一环。这四处城址沿着杭州西北部天目山余

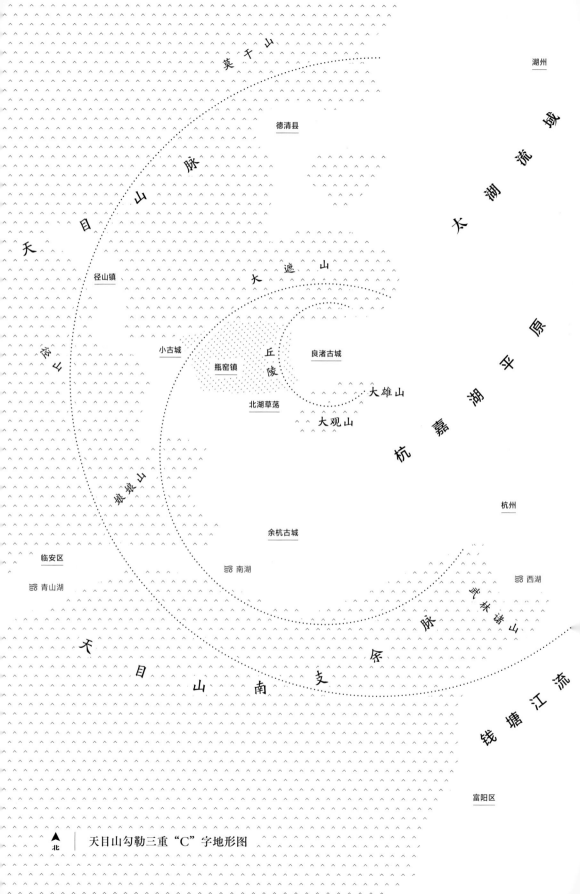

天目山勾勒三重 "C" 字地形图

脉的走势，自东向西，再向南向东，依次展开，构成了一个成序列的"C"字形链条。

这是一条依托地理肌理的空间链，也是一条延续数千年的时间链。一直以来，天目山与苕溪就像自然搭建的骨架和筋脉，在杭州西北部塑造着时间悠长的面目，也被漫长的时间勇敢且耐心地塑造。

枕山：天目山勾勒三重"C"字

就像燕山和太行山之于北京，在杭州西北部，天目山也是一道沉默而醒目的存在。在北京，1.5 亿年前的燕山运动使其西北部隆起为山地，东南部下陷为平原，塑造出一片"左环沧海，右拥太行，北枕居庸，南襟河济"的"北京湾"。燕山和太行山像两条张开的巨大臂膀，将北京湾揽入怀中。绵绵群山塑造出永定河、潮白河、温榆河、拒马河和泃河等五大水系，在北京小平原上奔流不息。以山为屏，以水为脉，北京由此开启了其数十万年的人类活动史、3000 多年的建城史和 800 多年的建都史。

在杭州，燕山运动引发的火山活动同样带来了剧烈的地壳变化。沉积地层伴随着断裂和褶皱作用迅速抬升，天目山的主体由此形成。

从浙皖两省交界处的浙西第一高峰清凉峰（位于杭州市临安区和安徽省绩溪县、歙县交界处，海拔 1787.4 米）起，天目山接续皖南黄山余脉而来，自西南向东北，蜿蜒途经龙塘山、百丈岭、千顷山、道场坪，再过白砂关、铜岭关、千秋岭……延伸至老虎坪东，又骤然隆起两座高峰，东西遥相对峙。西峰仙人顶海拔 1507 米；东峰大仙顶海拔 1480 米，是自杭州市区西来遇到的第一座高峰，素来被誉为"天目三千丈，东南第一峰"。

距今 300 万—200 万年前的第四纪冰川运动对天目山的地形产生

了显著影响，留下了 U 形谷、冰斗和冰碛湖等诸多冰川遗迹。冰川消退以后，部分冰蚀洼地由于积水而形成湖泊。其中最有代表性的就是仙人顶和大仙顶峰顶的两个冰斗湖，俗称"天池"。两个天池高悬峰巅，宛若巨目仰望苍穹，因而整座山脉得名"天目"，这两座山峰所在的山地则分别被称为西天目山和东天目山。

继续往前，天目山山势逐渐向东向北低伏下去，自临安区与余杭区交界处的径山起，渐成尾闾。在径山附近，其余脉又分化出两支：一支向南，经大王岭（位于杭州市临安区高虹镇），然后折而向东，最终构成武林诸山，终结于钱塘江畔；另一支继续往东北延伸，出杭州市界，过湖州市安吉和德清两县，构成莫干山，止步于太湖之滨，其地脉则隐入杭州湾和杭嘉湖平原之间，最后遁入东海。

如果沿着天目山东麓前缘勾画一幅轮廓，一个三面环山、斜向东北方向的"C"字形空间将清晰地展现在眼前。从这一线起，地形骤然趋缓，从山前的冲积扇群逐渐过渡为向东北方向敞开、平展开阔的杭嘉湖平原。向南，隔着几座断续起伏、连成一线的低矮山地，钱塘江穿过山间谷地，逶迤奔向杭州城区，然后在西湖东南直至杭州湾入海口，构成杭嘉湖平原的南缘，也是杭嘉湖平原与宁绍平原的天然分界线。

从更微观的角度看，在径山附近，天目山余脉在整体向东北延伸的同时，又有枝杈转向大致正东的方向。其起步点就在北苕溪出径山峡谷即将进入平原地带的小古城附近，然后向东绵延 20 多公里后，没入杭嘉湖平原。是为大遮山。大遮山以南约 5 公里，平地上又凸起两座断续相连的小山峰，分别称为大雄山和大观山。大遮山和大雄山、大观山都是天目山余脉在局部区域的末梢分支，它们和西侧几座断续的西南—东北向孤丘围合成一个向东开口的"C"字形盆地，享誉世界的良渚古城遗址就坐落其中。5000 多年以前，良渚先民就开始在这片土地上繁衍生息，创建了规模庞大的三重城市布局，并在城市外围构筑了迄今所知中国最早的大型水利工程，也是世界上最早的水坝系统。

进一步说，如果再稍微拉大视野，将从径山向东延伸出的大遮山与其南侧毗邻的大雄山、大观山视为一体，我们会发现另一个中型"C"字形空间环套在上述大"C"字和小"C"字之间。沿着其走向略作描摹如下：这个中型"C"字形空间从大遮山东端起，向西延伸至小古城，然后沿着山地前缘折而向南，越过南苕溪谷地，在老余杭南侧的南湖南缘转而向东，最后收束于西湖边的武林诸山。

这个中型"C"字形空间底部是山前平原的起步之处，然后向东，经过杭州主城区，直至海滨，展开一个越来越阔大的扇面。就此而言，在地理空间格局上，这个天目山东缘向东开口的半环形盆地，正构成杭州主城区所在的那片平原的西部发端。

这个空间内部容纳了良渚古城遗址、小古城遗址和余杭故城，略向东则包纳了未来科技城以及包括五常湿地、和睦湿地和西溪湿地在内的杭州乃至浙江省最大的一片生态湿地保护区。南苕溪、中苕溪、北苕溪及三溪汇流而成的东苕溪像几条波动不息的动脉，从这个空间中穿流而过。南湖和北湖像两颗与三溪互通的肺脏，在南北两侧，不断进行着养分的输送和交换。

逐水：东苕溪形塑杭嘉湖平原

天目山雄踞于浙江省西北部，构成浙江和安徽两省的地理分界线。它也是一道气象物候的天然分界线和河湖水系的自然分水岭。

夏季，来自太平洋的东南季风携带着丰沛的水汽抵达杭州湾，从钱塘江口登陆，穿过杭州城区，掠过杭嘉湖平原，一路向西北方向奔袭而去。大约 100 公里以后，迎面撞上绵延 200 多公里的天目山。水汽沿着山坡不断抬升，气温也渐渐下降，直到在 1000 多米的高处停滞下来，冷凝成雨，化作万千溪流，沿着山间皱褶和谷地奔流而下。

到了冬天，当西伯利亚寒流裹挟着冷霜南下时，这座山脉又化身披裹银甲的武士，以层叠的山脊将刺骨的寒风阻挡在西北山麓，让山体东南侧杭嘉湖平原上的城市和乡村、河湖与田野都笼罩在一片水雾般的温柔之中。

气象卫星数据显示，天目山对东南季风与西北寒流的双重调节堪称地理奇观。冬季西北寒流在此受阻，安吉气象站观测到西北麓与东南麓 1 月平均温差达 4.2℃，寒流强度衰减率实测达 63.4%，使杭嘉湖平原免受 –10℃极端低温侵袭。而夏季东南季风携带着太平洋水汽，在此形成地形雨，山区年均降水极值达 1870 毫米。在山体东侧，年降水量等值线呈现出明显的"牛眼"结构（指呈环形的降水集中区），在直径达 40 公里的环形高降水带中，雨量较外围区域多出 35%。关于这种气候效应，南宋临安知府潜说友主修的《咸淳临安志》中就有这样的诗意记载："天目云气，三日必达钱塘。"

可以说，雄起于燕山运动时期的天目山脉与其面向东南俯瞰太平洋的独特区位，合谋勾画出了山前这三重"C"字形空间内河湖水网的基底。

天目山脉属于"江南古陆"东南缘的抬升部分，山体主体由花岗岩与流纹岩基底构成。燕山运动作为重要的地质构造运动，塑造了区域的基本地形骨架，为后续水系的切割和发育提供了地质条件。

从中生代（下限为约 6600 万年前）至早第三纪末（约 2330 万年前），天目山山体经历了长期的剥蚀夷平过程，逐渐形成准平原地貌。晚第三纪上新世（距今 530 万—259 万年）后，山体发生断块抬升，形成了多级山地夷平面，为后期水系的分化提供了地形条件。不同高

寻脉

程的地形促使水流产生分异，从而影响水系的发育和分布。到了第四纪冰川期，冰川不断侵蚀山体，形成深切的峡谷和河道，最终奠定了天目山水系的走向。

南苕溪从老余杭穿城而过，将这座曾延续了 2000 多年的老县城一分为二。一座跨溪大桥连接起"北城南市"，这就是通济桥。现存通济桥分为两部分：南半部是始建于明代的三孔石桥；北半部是 2002 年为扩大泄洪通道退堤扩孔以后新建的部分，亦为三孔。通济桥原名"大溪桥"，明代以前本为木桥，其历史最早可以追溯到东汉熹平（汉灵帝年号，172—178 年）初年余杭县令陈浑治理苕溪，开挖南湖时修建的隆兴桥。

从通济桥向西，沿着南苕溪上溯。一路上，溪水在地势平坦的开阔丘陵谷地平静流淌。到汪家埠附近，穿过杭州绕城高速西复线，进入临安区，溪谷开始收窄，地势倾斜度逐渐加大。然后经过 20 世纪 60 年代为拦蓄南苕溪上游山区洪水而建的青山水库（别名"青山湖"），进入临安城区。在城区西侧，沿溪宽谷迅速变成狭窄的山地峡谷，南苕溪也很快转为北略偏西方向，在山地间跳跃奔腾而来。接着逆流向上，沿途时有大小水流汇入。最终，水脉终结于东天目山南麓的马尖岗（海拔 1271 米，位于临安区太湖源镇临目村）——这里，也正是南苕溪主脉的正源所在。

南苕溪是天目山孕育的主要河流之一。从马尖岗起，它一路南下东来，到老余杭城区（今余杭街道驻地）东侧折向北流。随后，中苕溪（主源獭溪，发源于杭州市临安区与湖州市安吉县交界处的青草湾岗美岭坑）在余杭街道下木桥村附近的汤湾渡、北苕溪（主源鸬鸟溪，发源于安吉县石门山，从鸬鸟镇进入余杭区）在瓶窑镇境内的龙舌嘴，先后从左侧汇入。三溪汇流以后，改称"东苕溪"（也有说法认为，南苕溪自余杭街道北折以后，即称"东苕溪"。无论如何，一般均公认南苕溪为东苕溪的正源）。从瓶窑镇起，东苕溪经过安溪、獐山出杭州市境，进入德清县，北上湖州，与西苕溪汇合后注入太湖。

在浙江省西北部，天目山脉主脊线是多个水系的天然分水岭，其中最重要的两个就是太湖水系和钱塘江水系。和东苕溪一起同属太湖水系的西苕溪，正源西溪发源于西天目山北麓的狮子山（在湖州市安吉县境内），向东北流至章村镇长潭村汇合南溪（发源于临安区和安吉县交界处西天目山北麓的龙王山）后，合称"西苕溪"，然后继续向东北蜿蜒，最后在湖州市区与东苕溪汇合后流向太湖。

西天目山南麓则是钱塘江重要支流分水江的主要发源地。其上源主要有天目溪和昌化溪两条支脉，而且支流众多，形成树枝状或方格状的山地水网结构。正源昌化溪发源于安徽省绩溪县饭甑尖，由西南向东北进入浙江省临安区，过汤家湾后折向东南，在紫溪附近与天目溪交汇，合为分水江，进入桐庐县境，最终在桐庐县城以北注入钱塘江中游干流富春江。因天目山而得名的天目溪则发源于临安区与安吉县交界处的桐坑岗，大体由北向南，在紫溪汇合昌化溪后，南入分水江。

天目山脉的影响不仅仅局限于太湖水系和钱塘江水系。其北支余脉南延段在余杭区南缘，犹如一条翠绿的手臂，缓缓延伸到西湖周边，形成武林诸山。来自这些终端余脉的溪流也为西湖提供了源源不断的水源。

从西湖西侧武林诸山北麓沿着天目山路西行不到5公里，北侧紧邻的便是著名的西溪湿地，再向西不远则是五常湿地。这片次生湿地由大面积的河港湖漾水网及狭窄的塘基和面积较大的洲渚相间构成，古称"河渚"，其历史最早可追溯到7000年前的新石器时代。近些年学者对西溪湿地及周边地区进行的地质钻探研究表明，这一带地下存在着多层河流相沉积物，如砂砾层和黏土层；这些沉积物的颗粒特征与东苕溪上游天目山区的岩性高度吻合。比如，在蒋村和五常一带地下 3—5 米处，都曾发现与现代苕溪河床沉积物明显相似的古河道砂层。这证明，杭州城西西湖区与余杭区交界处的这片湿地，曾是东苕溪（这里指东苕溪主源南苕溪，为叙述方便，从整个东苕溪水系着眼，以下除非特殊说明，皆将其主河道统称为"东苕溪"。涉及具体支流局部区域，对于其三大支流南苕溪、中苕溪和北苕溪，则仍称其各自本名）古河道的行经之地。

在 5000 多年以前，东苕溪和西苕溪这两条分别发源于天目山南麓和北麓的河流，还一直独流入海。其中，西苕溪汇入古太湖湾。东苕溪主河道则从今余杭街道所在的位置继续向前，径直东流，独立注入古杭州湾。在长期的水流侵蚀下，东苕溪在下游平原上切出深深的河谷。据地质考察，这些河谷遗迹至今仍留存于杭州湾的地层之中。随着杭州湾海积平原的发育淤长，东苕溪河道不断向东延伸，河口位置也逐渐向东推移。但溪流冲刷而下的泥沙不断在沿线沉积，再加上东海海平面上升、杭州湾海洋潮汐的顶托及其带来的海积平原淤升，使得东苕溪流速逐渐趋缓。久而久之，其河道不得不另择他途，逐渐向低洼处迁移。

东苕溪古河道南侧不远处便是武林诸山，北侧却是一片斜向东北的开阔地带，经过大雄山和大遮山东麓向古太湖湾延伸。这样，东苕溪古河道便逐渐向北摆动。在距今 7500—5000 年前这段时间，东苕溪向北分流时有反复。但最终在大约 5000 年前，在今西湖西北侧的古荡附近（位于今杭州市西湖区）折向北流，穿越大雄山和其东侧半山（位于今杭州市拱墅区）之间的低洼地带，独立流入今太湖南岸的某个潟湖，由入海演变为入湖，完成了第一次大规模改道。

4500 年前，因良渚一带水系袭扰，东苕溪在今余杭区仓前街道完成第二次北向改道，紧贴大雄山东麓北流，经良渚、獐山，向北注入今太湖南岸某一湖沼。

直到 4000 年前，东苕溪第三次改道，在今余杭街道东侧北折，北经瓶窑之后，又向东北方向折转，穿过大遮山和大观山—大雄山之间的谷地，在现在的良渚古城遗址西北侧逶迤向前，然后经德清县、湖州市，最终注入太湖。

三次改道，其北折之处越来越向西后退，直到最后一次，奠定了延续至今的东苕溪水系的基本格局和走向。东汉时期，余杭县令陈浑为调蓄洪水开凿南湖，并在东苕溪右岸修筑塘坝（即后来所称的"西险大塘"的前身，至于"西险"二字起源于何时，无明确记载，已无从查考）之后，东苕溪的流向最终定局。

东苕溪筑塘防洪后，其支流上埠河水系（发源于余杭区与西湖区交界处的板照山。板照山也是天目山北支余脉南延部分的一段，向东接续武林诸山）则成为西溪湿地的重要水源，一直延续至今。

东苕溪的数次改道，不断改变着沿线的地形地貌，在杭嘉湖平原上留下了深刻的痕迹：泥沙的堆积造就了新的陆地和沙洲；水道反复迁移之际，在曾经流经的区域又留下了大大小小的湖盆与回陷区。这一过程不但塑造了西溪湿地的地理基础，也深刻影响了整个杭嘉湖平原平畴交错、河网密布、湿地与湖荡星罗棋布的独特地理风貌。

营城：良渚古城点亮文明曙光

关于 4000 年前东苕溪第三次改道的原因，古地理学上的解释是：由于长江携带的泥沙长期淤积，在古太湖湾海口堆积成沙嘴，与苕溪带来的河流沉积共同作用，在今杭州主城区和临平区之间形成了高亢的海积地形，从而从南边堵住了太湖海湾的出口。这使得东苕溪下游原有河道淤积更甚，地形进一步抬升，高出其西北侧的山洪冲击平原，因此迫使其向西向北漂移。从走势看，其最终的结果便是，河道从大雄山东麓西移至大观山—大雄山与大遮山之间的狭长"C"字形低洼地带。

然而，更早一些，在距今5300—4300年前，这个"C"字形低洼地带正是良渚文化的中心区域。也就是说，东苕溪第三次改道之前，良渚先民在这一微型的"C"字形空间内及其周边已经生息了大约1000年，并创建了中国迄今已知最早的王城，以及围绕王城的大型墓地、祭坛、聚落居址、治玉制陶作坊以及包括外围堤坝和水上交通网络在内的浩大的水利系统工程。

东苕溪最后一次大规模改道，无疑在很大程度上改变了良渚王城所在的这个"C"字形空间的地理面貌和自然环境，很可能也威胁到了良渚先民的居住和生产生活。这为从洪灾的角度，解释良渚文化为何在4300年前以后迅速衰落乃至神秘消失，提供了一种有力的支撑。地层考古也发现，许多良渚遗址上普遍发现有淤泥、泥炭和沼铁层等水灾痕迹。虽然洪灾说尚不是解释这一问题的最终定论（另有"海侵说""战争说""北迁说"等多种说法），但东苕溪改道带来的环境改变却是确定无疑的事实。

巧合的是，传说中大禹治水的故事，按年代推断，大致也发生在4000年前。而包括良渚古城遗址在内的余杭一带，正是传说中大禹治水东下会稽时的行经之地。据清嘉庆《余杭县志》记载，据说"余杭"这一地名的由来最早就与大禹治水有关："禹航者，夏禹东去，舍舟登陆，因以为名。"最后，"禹航"讹传为"余杭"。

良渚遗址西南方向，有座南北走向、海拔不足400米、同为天目山余脉的小山，名为娘娘山，也叫舟枕山（位于余杭区余杭街道竹园村以北），传说就是当年大禹"舍舟登陆"之处。清代诗人、书画家王潞在《舟枕山》一诗中就曾这样写道："禹历津梁亦已疲，舍舟登陆山作枕。"

传说自然当不得真，但其中很可能保存了史前人类关于洪水的记忆，所以应当不完全是空穴来风。对于像良渚这样的史前文明来说，即便当时的人类已经在改造自然方面表现出了惊人的智慧、超拔的技艺和卓绝的努力，但在选择或者遗弃一个活动空间时，依然不得不受制于自然环境及其变化提供的可能。

而在5300年前，当早期良渚先民出现在大遮山南麓时，在天目山东侧广阔的冲积平原上，这个被两条余脉围合的小型"C"字形半封闭空间，却可能是他们作为定居点并进行规模性开发的最佳选择。

那时，由于没有人为筑坝规定水流方向，东苕溪还处在漫流状态，而且其水系并不流经良渚，而是从大雄山以南直至西溪湿地的宽阔区域流过，甚至现在的西溪湿地、古荡、松木场和杭州主城区都曾是东苕溪的流经地。那时钱塘江也没有大堤。苕溪水、大海涌潮和钱塘江水汇流冲刷，致使现在的大雄山以南以东以及西南方向，直到现在的杭州主城区和余杭街道这一带广大区域，被分割得支离破碎，还处于一片混沌状态，并不符合良渚先民的居住繁衍条件。

相对而言，这个处在大遮山和大雄山——大观山之间的"C"字形盆地，地势比较高敞，地形向西向东倾伏；区域内的水流可以通过东侧出口与东苕溪水系发生关联，满足水运等内外沟通之需；东北侧的大遮山尾闾和东南侧的大雄山则又有效阻挡了东苕溪漫延的水流的影响。这些都在很大程度上解除了良渚先民对东苕溪洪流风险的担忧。

情形当然并非绝对完美。选择这片区域，在东侧相对安全无虞的同时，人类需要着力应对的，却是来自西、北两侧大遮山上奔腾而下的山洪。

前文提到，由于独特的地势和区域位置，位于杭州西北部的天目山脉是浙江省的暴雨中心之一，夏季极易形成山洪。几千年以前，这对生活在天目山余脉山麓地带的良渚先民是一种迫在眉睫的直接威胁。

事实证明也是如此。对良渚古城及其水利系统遗址的考古研究发现，良渚先民来到这里，首先利用山前台地断续分布的自然地貌，建设了一些散点式聚落，初步定居下来。随后，他们便在其居住地西北侧外围进行了拦洪堤坝等水利设施的规划设计和修建。接着，他们又在中心区台地上建造了莫角山宫殿，在莫角山西北侧另一处台地上建设了反山墓地。最后才在其四周构筑了城墙和外郭，形成了良渚古城的三重格局，并将城池与其西北侧外围的堤坝系统隔离开来。

2022 年 7 月，作为良渚古城外围水利系统的重要组成部分，老虎岭遗址公园首度向公众开放，揭开了其堤坝结构的神秘面纱。截至目前，这也是良渚遗址群中唯一一处展示水利系统剖面结构的遗址点。

老虎岭位于余杭区瓶窑镇彭公村南，东南距良渚古城遗址约 11 公里车程，直线距离 8 公里左右。这是大遮山中部南侧的一处低山丘陵，山体呈扇形自北向南下倾收窄；东边隔着一道狭窄的山谷，与石濑村北另一座从东北向西南倾斜的山头相望；两者均在山谷出口处与山前平原相接。

从山谷出口左转，向东沿祥彭公路，或者向东南走上京岚公路，跨过东苕溪，继续往前，不远处即是良渚古城遗址。其中，前者作为 104 国道旧线，曾经自西北向东南穿过良渚古城遗址区，向东与莫干山路相连；后者是改道后的 104 国道新线，从良渚古城遗址南侧穿过，向东连接莫干山路。京岚公路行经余杭区瓶窑镇和良渚街道的路段，已于 2024 年初命名为"良渚大道"。

5000 多年前，良渚先民在大遮山南麓初步立足以后，为了拦截从老虎岭背后山地上倾泻下来的洪水，便在其末端两个小山头之间的谷地豁口最狭窄的位置，构筑起一道拦洪堤坝。堤坝呈西北—东南走向，海拔 25—30 米，坝顶相对高度约为 15 米，全长 140 米，宽 100

多米，将左右两个山头连成一体，在其内侧山间低洼处隔离出一个巨大的蓄洪区。

实际上，良渚人在低山丘陵谷口位置修建的堤坝，不止老虎岭一处，在其临近的尚公岭、周家畈，以及西北更高处的秋坞、石坞和蜜蜂弄，都有发现良渚早期的堤坝遗址。从最西侧的蜜蜂弄坝，到最东端的尚公岭坝，这些堤坝依山就势，既相对独立，又借助它们连接的小山峰连为一体，构成了一个完整的体系。因为它们都处于大遮山南麓低山山谷地带，所以被考古工作者整体划分为良渚外围水利系统的"谷口高坝区"。截至目前，这个区域已经发现了17处断续分布的人工台地，或称堤坝建构。

良渚堤坝的建设技术，在很多方面都是具有开创性的，其中最具代表性的便是其堆筑技艺。根据已经揭露展示的老虎岭水坝遗址剖面，考古工作者发现，这里的断面有明显的草裹泥结构，以横竖交错的方式铺筑而成。良渚先民用芦荻、茅草把泥土包裹起来的这种"草裹泥包"，类似现代人抗洪时用草包或编织袋装土筑坝，不仅增加了坝体的抗拉强度，让水坝不易崩塌，也加快了堆筑速度。实际上，这也是良渚先民建造临水建筑（比如城墙和码头）的常用工艺。除此以外，在一些地基松软的地方，他们还采用了挖槽填土等工艺，类似现在的水泥灌浆。

在老虎岭堤坝遗址谷口外，是一片向南延展的山前平原。5000多年前，这里每逢冬季干旱、山洪枯竭时，一块块陆地出露在外；夏季多雨期，又容易积水，成为湖荡。平原西侧靠近径山山地；南侧和东侧则有几座耸立于平原上的孤丘，断断续续向东北延伸到大遮山脚下。于是良渚先民又修建了几座堤坝，把这几座断续的孤丘连接起来，构筑了良渚外围水利系统的第二道防线。从南向北，这个区域包括了梧桐弄、官山、鲤鱼山和狮子山等几处堤坝遗址。它们被考古工作者统称为"平原低坝区"。谷口高坝和平原堤坝之间的区域构成了第二梯级的拦蓄洪区域。这个区域略呈倒三角形，面积约为8.5平方公里，到现在仍是东苕溪水系的泄洪区。

这个倒三角形的拦蓄洪区，东端延伸到大遮山脚下。距离山脚100—200米，沿着大遮山南麓的走势，先是从西南向东北，然后取正东略偏北方向，又延伸出一道全长约6.5公里的长堤。长堤南端连接平原堤坝区最北侧的孤丘，向东越过良渚古城遗址西北侧一道南北向山岭，直到古城遗址东北侧的姚家墩，不但与平原堤坝完整连接在一起，而且完全把良渚古城遗址与北侧的大遮山隔离了开来。这道长堤被考古工作者称为"塘山坝"。考古证明，它是整个良渚水利系统中最大的单体。它和大遮山围合成的这道长条形拦蓄洪区则被划分为"山前长堤区"。

平原堤坝和塘山坝连接构成的第二道防线以东以南，也有大片湖沼湿地，紧紧簇拥着良渚古城，构成了城墙外侧区域水利环境的有机组成部分。城墙四周，环绕着一圈人工开挖引水而成的护城河。这道护城河向外通过复杂的人工河道与古城周边乃至更远处的自然水域相沟通，向内又通过水城门（良渚古城共有9座城门，其中有8座水城门，只有南城墙一座城门是陆城门）与城内水网相连接。

这样，从外围堤坝，到城郊河湖湿地，再到护城河和城内水网，良渚先民在王城内外构筑了一个规模极为庞大复杂的水利系统。有鉴于此，专家推断，良渚古城的水利系统包括外围堤坝应该不只有防洪这种单一用途，而是"取水之利，避水之害"，在没有山洪的时段特别是干旱季节，也起着调蓄水源的作用，以供水路运输、生活用水和农业灌溉之用。就此而言，这套水利系统堪称良渚古城的生命线。

以交通运输为例。由于良渚时期轮式交通及配套道路系统尚未形成，再加上古城周边水网密布的特点（这从古城9座城门中竟有8座为水城门就可见一斑），水运恐怕是良渚先民最便捷的运输方式。且不说良渚古城与东部平原水网的沟通连接，单说谷口高坝所在的山谷。那里地形陡峭，降水季节性明显，夏季山洪爆发，冬季则可能断流，本来不太具备行船条件，但通过筑坝蓄水形成的库容，以分段翻坝接力的方式，完全可以连接成沟通多个山谷的水上交通运输网。也许正是通过这种方式，天目山脉蕴藏的丰富的玉料、石料、木材、漆料及其他动植物资源，源源不断地被输送到了良渚古城。

良渚古城的修建要晚于其外围堤坝及城内外人工河网。这证明，在建设城池之前，良渚先民对这一带的地理环境已经进行过深入而全面的考察，并在此基础上在方圆 100 多平方公里的范围内，统一进行谋篇布局和规划设计。换句话说，良渚古城是他们基于区域地理环境、有效趋利避害而构建的一座"水上都城"。

良渚古城居于这一区域的中心，占地面积大约 6.3 平方公里。居于核心的莫角山遗址是一处在自然地势基础上人工堆筑的圆角长方形高台，占地面积达 30 万平方米，四周环绕城墙；台地东北、西北和东南各有一个人工堆筑的土墩，分别称为大莫角山、小莫角山和乌龟山。在三座土墩包围的中间区域，考古发现了大片夯土层和夯窝等建筑遗迹，以及成排的柱洞，这里被认为是良渚古城的宫殿所在。

莫角山宫殿区外东南两侧，分布着码头、粮仓、作坊和居住区等遗址。而在莫角山遗址和外城西城墙北水城门之间，另有一座名叫反山的人工堆筑土丘。根据上面出土的 11 座大型墓葬，及 1200 多件陶器、石器、象牙及嵌玉漆器等随葬品，考古工作者判断它是良渚王陵的所在。这里是良渚文化遗址中出土玉器数量最多、品种最丰富、雕琢最精美的一处高等级墓地，著名的"玉琮王"和"玉钺王"都出土于此，其上都刻绘有良渚文化中最精美细致、最有代表性的神人兽面纹样。这也是判断良渚古城在良渚文化诸多遗址中具有至高无上地位的重要依据之一。

良渚古城居于天目山南麓这个微型"C"字形空间的中心，但它的实际辐射范围要大得多。在其外围，东北侧有瑶山这样的贵族墓地，西南侧有汇观山这样的大型祭坛；其南侧和东南侧则有数十个大小不等、散点分布的聚落遗址，比如茅山、卞家山和庙前等地——这一带，也正是1936年底，时任西湖博物馆地质矿产组助理干事的施昕更首次发现良渚黑陶的地方。施昕更也因此被公认为"良渚文化的发现者"。

从更大的范围来看，以良渚古城为中心，良渚文化的分布范围实际上遍布整个杭嘉湖平原以及上海和长江南岸的苏南地区，总面积约有3.6万平方公里，基本涵盖了现在常说的长三角一体化区域。

普遍认为，良渚古城是中国南方最具代表性的史前都邑。它以三重城垣的巨型城址、规模宏大的水利系统以及权贵阶层大墓和大型祭坛为特征，出现了以成组玉礼器为核心的宗教信仰与礼制系统，表明良渚文化已产生了区域王权，诞生了东亚地区最早的国家，正式开启了中华文明形成发展的悠久历史进程。而从城市形成和发展的角度来看，良渚古城作为这个早期区域性国家的首都，既是现在的杭州地区最早的区域中心，也是长三角地区最早实现"一体化"后的政治、经济、文化和宗教中心。

在天目山余脉大遮山南麓的这片"C"字形盆地内，作为良渚文化中心的良渚古城经历了数百年的兴起、发展和走向鼎盛的过程。期间，良渚先民一边依托周边自然山体屏障抵御洪水和外敌，建设文明统治中心；一边利用外围水网交错的河湖平原建设平民聚落，发展稻作农业和手工业，甚至开展商贸活动，创造了杭嘉湖平原独具特色的村落居住形态、灿烂的早期稻作文明、辉煌的玉礼器文化以及通达四方的交通贸易网络。考古资料表明，至少良渚古城遗址西侧的山谷和丘陵盆地就曾是他们与安吉和湖州等地区早期先民往来的交通要道。

　　但是，大约从 4500 年前开始，良渚文明所在的杭嘉湖平原，气候和自然环境都发生了重大变化。气候转趋干凉，森林覆盖率和河湖面积都趋于减小，造成了水稻的普遍减产，而良渚王国内的人口较诸早期已有很大增长。粮食减产带来的压力使他们加速了耕地的开发。然而，就在同一时期，随着中国东部沿海海平面普遍上升，杭嘉湖平原上的出水河道受到梗阻，流速减缓，泄洪不畅，淤积严重。特别是在滨海地带，海洋涌潮和地下涌泉造成了水域的普遍扩大，这进一步加剧了人口与土地、人口与粮食生产之间的紧张关系。这些变化，加上内部阶层分化所长期积累的结构性矛盾，使得良渚文明在大约 4400 年前进入加速衰落的晚期。这样，到 4300 年前左右，曾经灿烂辉煌的良渚文明，就神秘地消失在了文明进程的视野之中。此后，天目山东麓的这片平原又进入了一个漫长的荒芜和混沌期。

迁徙：从小古城到跳头铸铜聚落

　　良渚文明消亡之后，良渚古城的遗民去了哪里？这是一个有趣但又很难找到确凿答案的问题。没有文字记录，单靠零星的考古发现，很难将其迁徙之路串联成线。由于良渚文明衰落消亡的过程，正赶上东苕溪剧烈动荡迁移、频繁改道的时期，他们或许不太可能向东或者向南，穿过河道漫流的水网和沼泽地带。

　　一个更大的可能是，沿着大遮山南麓向西，在相对高敞之处，穿过良渚古城西侧的山谷和丘陵盆地——正如前文所说，这里原本就是他们与天目山另一侧安吉、湖州的早期先民来往的交通要道——然后，在今天的余杭区径山镇小古城附近，天目山北支余脉南北两条分叉的交界之处，分为两路：一路沿着两条枝杈分界的狭窄谷地，向西北方向，翻过天目山脉，进入安吉和湖州一带；另一路，则从径山折而向南，沿着天目山余脉的东麓继续前行，在适宜的安居之处落地生根，并逐渐与当地原有的土著部落融合发展。

考古发现也证明，现在的浙西、浙南、皖南、江西乃至湖北都曾发现明显的良渚文化元素，比如在浙江西南部遂昌县（隶属于丽水市）发现的"好川文化"，就是其中的典型代表。

不难看出，以上两条迁徙路线有一个重要的交会点，那就是径山附近的小古城。因此，从逻辑上看，无论早晚，在这个地方崛起一座新的城池，成为新的区域中心，都并非奇怪的事情。

2024年初，浙江省文物考古研究所发布了一条消息：在余杭区径山脚下的小古城遗址，发现了院落型建筑群、人工堆筑台体、城墙与木构水城门等一系列商代重要遗迹。一座晚商时期的浙北古城，初步显露出自己的容貌。

实际上，这处遗址早在20世纪80年代就已经被发现，出土了属于新石器时代马桥文化（距今3900—3200年，时间上承接良渚文化，辐射区域也大致重叠，但学界通常认为，两者在文化形态上没有直接承袭关系）的曲尺纹圜底陶罐。这个陶罐现已成为小古城遗址文化展示馆的镇馆之宝。

2004年，浙江省文物考古队对小古城遗址做了试探性勘探发掘。2016年起，他们逐步对遗址开展了系统的考古工作，完成了高精度地理信息采集、城址内外详细勘探、重点区域发掘和主要遗存考古学文化谱系研究等工作，将其确定为东苕溪流域的一处区域性中心城址。时间跨度上至7000年前的马家浜文化，下至春秋战国。其主体文化距今3900—3600年，大致相当于中原地区的夏代后期和商代早期。2021年，小古城遗址列入当年度浙江省考古重要发现名单。

2024年初公布的小古城遗址南、北两段城墙考古发掘结果则表明，其城墙始建于距今 3300 年至 3000 年间，相当于中原地区商代晚期。

小古城遗址位于余杭区径山镇小古城村东南部的一处人工堆筑台地上，天目山北支余脉两条分叉的交界处，北靠大遮山，西南隔着一道山谷与径山相望，东距良渚古城遗址直线距离约 10 公里。北苕溪主脉黄湖溪从大遮山南麓的低山丘陵和小古城遗址之间横穿而过；遗址南侧，北苕溪支流太平溪贴紧遗址南缘向东流去，并有小段北向分支河汊与遗址内的水域相连通。

从目前已经揭示的考古结果来看，相对于良渚古城，小古城的城区面积要小得多，只有大约 25 万平方米，不足前者面积（约 630 万平方米）的 1/25。问题在于：除去同位于大遮山南麓前缘，而且后者正处于良渚先民向西迁徙的交通要冲之外，这两座相距约 10 公里、前后相差约 1000 年（从良渚文化消亡到小古城崛起）的古城，是否有着某种族群和文化上的关联？

浙江省文物考古研究所小古城考古项目负责人罗汝鹏曾表示，截至目前，由于在小古城遗址区尚未发现墓葬，无法将小古城人与良渚人进行 DNA 对比，暂时还无法确定两者是否有生物基因上的承续关系。但是，良渚文化的基因却处处渗透在小古城先民的生活之中。

首先，与良渚古城一样，小古城也建在山前一个人工堆筑的台地上。其方法是，先用土堆筑一个土芯，然后在土芯外围自上而下、用版筑的形式包裹土层外壳，远观呈现出条带清晰、颜色分明的纹路。古城四周有城墙环绕。据推测，城墙上设有 4 座水城门，其中南边设有两座，东边和北边各一座，目前已经发现其中两座（没有发现陆城门）。城墙外围，人工开挖疏通的河道环绕一周，起到类似护城河的作用，并与周边密布的河湖沼泽水网相连通。这种城市布局不但与良渚古城极为相似，而且证明了驾驶舟船出入城区也是两者共通的主要交通方式。

和良渚古城一样，小古城外围，也存在着多个小规模的遗址点，可能是城址外的生产区，也可能是平民聚落，与城内保持着密切的联系。以稻作为主的农耕仍然是小古城人主要的生活来源，城址外围极可能存在着集中的水稻种植区。

两者不同的是，小古城可能并非同时期唯一的区域中心，更不能说是一个区域性邦国的首都所在。考古证明，与小古城同时期，临近的湖州毘山、余杭跳头以及湖州德清原始瓷窑址群等，都是同一个考古文化序列中重要的区域节点。这些遗址之间存在着密切的关联，比如小古城遗址中出土的精美瓷器，经研究证实，就来自湖州德清的原始瓷窑群。借用罗汝鹏的说法，这就说明，在商代晚期的浙江北部，这些遗址共同构成了一串互有联系的"璀璨星辰"；与之相比，良渚古城则像一颗被周边聚落群星般环绕的炽热太阳，是5000年前杭嘉湖平原和环太湖地区唯一具有统摄地位的至高中心。

另外，和良渚古城遗址以玉器和黑陶为最具代表性的考古文化符号不同，小古城遗址出土了丰富的原始瓷器和青铜器等，比如来自德清原始瓷窑群的精美瓷器，以及可能产自本地或临近地区的双銎铜刀、铜斧和铸铜石范。后者使人们推断，小古城时期，本地可能存在着铸铜产业。再进一步说，小古城与南边不远的余杭跳头铸铜遗址，也许共同组成了商代晚期吴越一带的一处铸铜中心。

这些与良渚文化迥然不同的元素的出现，既是时间演进的结果，更表明，3000多年前，商朝所代表的中原文明已经越过长江和天目山脉，深入到环太湖流域和杭嘉湖平原。这样，以小古城为代表的浙北地区，承载着良渚文化的深厚底蕴，与来自商王朝的中原文明产生了激烈的碰撞与交融，迎来了又一个文明的小高峰。

从小古城遗址向南，沿着天目山北支余脉南延段东麓前行，经过径山、舟枕山，在老余杭以西跨过南苕溪，再向前不远便是跳头遗址。遗址位于余杭区中泰街道跳头村东北 400 米，天目山西路北侧的南湖未来科学园内，东与南湖相邻，北隔科创大道与之江实验室相望，其西南和东南两侧不远处分别矗立着天目山余脉板桥山和船桥山。和良渚古城、小古城一样，这处遗址也处于山地丘陵与山前平原的交接地带。2020 年秋天，杭州市开始对这处遗址进行考古发掘。

从发掘的大约 3000 平方米面积来看，遗址包含了丰富的文化层，从良渚文化、广富林文化、马桥文化、商代晚期、西周直到春秋时期，皆有文化遗存和出土遗物，其中最有代表性、保存最为完好的就是属于商代晚期的青铜铸造作坊遗址。铸铜作坊遗迹以及与铸铜活动相关的工作面等结构清晰，并出土有多件保存完好的石范以及青铜器、疑似铜锭、砥石、木炭等与铸铜直接相关的遗存。

考古还发现，遗址中部有一条南北向的古河道，河道东、西两侧分布有人类活动的台地聚落，聚落外围为低洼湿地，低洼湿地与古河道之间通过人工挖掘的沟渠相连接。

考古工作者判定，这是一处商周时期的滨水聚落遗址，长期从事专业性的铸铜工作。长江下游地区还是首次发现这种专业化的晚商时期青铜铸造聚落遗址。

另外，遗址中还出土了陶器（鼎、罐、豆）、原始瓷器（碗、豆）、石器（锛、斧、镰）、玉钺等 500 余件；其地层中通过浮选则发现了炭化水稻、桃核、梅核、橡子等。这表明，当时这个聚落在进行青铜铸造的同时，也存在着农业与其他手工业的多元发展。

2021 年，跳头遗址成功入选当年度浙江省考古重要发现名单。它的发现表明，位于南苕溪和天目山余脉之间的这片地方，在 5000 多年以前很可能是良渚文化的一个辐射区域；在小古城时期，它也很可能与后者共享了商朝中原地区青铜文化的影响，两者甚至可能属于同一个地方族群和文化系统；遗址中出土的西周和春秋时期陶器、石器和古钱币，则填补了天目山东麓这个区域在吴越争霸时期的文化空白，构成了一个上接小古城、下启余杭故城的文明发展链条。

跳头遗址的发现，也使得 20 世纪 80 年代在其附近的南湖出土的100 多件新石器时代陶器和石器，变得不再那么难以理解。特别是其中一只夹砂黑陶罐，肩部和上腹部刻有 12 个神秘符号。虽然这 12 个符号所表达的含义尚未有确定的结论（有学者认为它们可能是原始文字的萌芽），但夹砂黑陶确是典型的良渚文化器物。这也进一步证明了良渚文化对这一带的影响和辐射。现在，这只刻符黑陶罐已成为良渚博物院的镇馆之宝。

位移：跳出山地，奔向平原

从跳头遗址沿着南湖西岸向北大约两公里，有地名石门桥，即东汉时期余杭县令陈浑开辟南湖时蓄泄南苕溪洪水的进水处。原本控制洪水的石条筑门（石门桥即因之得名），现已改建成钢筋混凝土结构的南湖分洪闸。

从石门桥起，一道宽阔的长堤沿南苕溪右岸向东绵延穿过老余杭城区，然后在城区东北侧随着河流的走势折而向北，经过余杭区瓶窑镇和良渚街道，至仁和街道劳家陡门出杭州市界，最终延至湖州德清大闸。这道长堤最早由东汉县令陈浑为治理东苕溪水患而主持修筑，因其位于杭州城以西，是杭州主城区和杭嘉湖平原的西部屏障，东与钱塘江堤塘相对，故而后来被称为"西险大塘"，一直延续至今。

如前文所述，在陈浑筑塘挖湖之前近 400 年，秦始皇便已在南苕溪岸边设立余杭县。从良渚古城到小古城，经过 3000 多年的发展，在天目山东麓这片平原上，城市选址首次跳出低山丘陵与山前平原的交接地带，扩展到与区域内主要水系濒临的平原腹地。

春秋战国时期，地处吴、越、楚三国争霸地带的余杭，虽然没有关于其行政建制的记载，但这处城址显然承袭附近跳头遗址的文化脉络发展而来。秦国在此设县，主要基于治理原吴越之地的考虑，东苕溪水系则是其通往宁绍平原原越国腹地的重要通道。相对而言，同年设立于武林诸山脚下的钱塘县虽具有滨海的优势，但因其周边陆地仍然受到海洋潮汐和钱塘江恣肆的水势的巨大影响，与余杭县相比，其区位优势尚未得到充分显现。

《史记·秦始皇本纪》中的一段记载可作为当时余杭和钱唐两县区位对比的一个例证："三十七年十月癸丑，始皇出游……过丹阳，至钱唐。临浙江，水波恶，乃西百二十里从狭中渡。上会稽，祭大禹，望于南海，而立石刻颂秦德。"

秦始皇三十七年，即公元前 210 年，钱唐和余杭两县设立 12 年后，秦始皇本打算从钱唐渡浙江（钱塘江古称"浙江"），南下会稽（今绍兴市境内的会稽山，山下有大禹陵，古称禹穴，传说是大禹的葬地），却终因水势过于浩大凶险，不得不西行，经余杭县，至今天的富阳区水流狭窄处，渡江南下。秦始皇东巡会稽之后，又"徙大越民置余杭"，也就是把原越国人强迫迁徙到余杭等地，以防止他们据故地而反抗。

秦代初设余杭县，筑城于苕溪南岸，"周回三里"。清嘉庆《余杭县志》有记载："今溪南际留仓为县署基地。"即是余杭最初城址。这一城址及其规模被西汉所承袭。但这一城址显然常常受到南苕溪和周边湖沼湿地水患的影响，因此便有了陈浑在东汉熹平年间（172—178 年）修筑堤塘，并在原有湖沼湿地的基础上开挖南湖的举措。同时，陈浑将县治迁移至苕溪以北，不久再徙溪南。之后历代，余杭城址在南苕溪两岸多次往复迁移，直到北宋雍熙（宋太宗年号，984—987 年）初年，最终定址于溪北。

在秦汉时期，余杭、钱唐两县均隶属于郡治设在今江苏省苏州市的会稽郡管辖。三国时期，吴国设吴郡都尉于钱唐。南朝梁、陈时期，曾两次短暂将钱唐升县为郡（梁朝称"临江郡"，陈朝称"钱唐郡"）——这也是今天的杭州地区设置郡级政区之始——虽然都为时不长，设而即废，但也意味着钱唐地位的逐渐上升。

这种区域地位的变化，与魏晋南北朝时期钱唐一带地理环境的变化密不可分：冲击平原面积扩大，钱塘江潮涌东撤为城市留出了更大的发展空间，运河系统继续完善——西晋时，会稽内史贺循主持开挖西兴运河，与曹娥江以东始建于春秋时期的山阴故道相连，形成了西起钱塘江、东到东海的完整运河系统。

隋文帝开皇九年（589 年），隋朝灭陈、统一全国后，即刻废除了陈朝所设钱唐郡，改置杭州，并将州治设于余杭。杭州之名便从"州治余杭"得来，这也是这个名字第一次出现在历史上。

余杭成为杭州州治所在，延续了天目山东麓这片地方数千年来的人类迁移线索和城市发展脉络。但是，到隋代设州时，余杭相对于钱唐的区位优势已经明显减弱。余杭位于东苕溪冲积扇顶部，虽避开了钱塘江潮患，但受山地洪涝威胁严重；钱唐虽需应对钱塘江涌潮，但其所在的杭嘉湖平原东部地势平坦，土壤肥沃，土地开发潜力远超余杭的山间盆地。因此，第二年，即开皇十年（590 年），隋朝便将杭州州治迁回到了钱唐。此后，无论是短暂改称"余杭郡"，还是南宋时期升为临安府，杭州的城市中心再未离开西湖岸边、钱塘江畔。

随着从余杭迁治钱唐，杭州城市中心最终完成了从山前盆地到滨海河湖平原的空间转移，这座城市也得以在更大的空间内进行农业垦殖、商贸往来与人口集聚，并依托隋代贯通、元代进一步完善的运河网络，与北方的洛阳、北京和东南方的绍兴、宁波等地形成了南北联动、东西互通的格局，成为国家漕运体系的关键节点。

屏藩：城水之间，关钮所在

即便如此，隋代以后的余杭，在杭州的城市布局中仍然占据着不可取代的地位。余杭塘河（开凿疏浚于隋大业年间，605—618 年）作为一条重要的大运河支系河流，将余杭县城与杭州州城紧密联系在一起。清嘉庆《余杭县志》记载："余杭塘河在县东南二里，阔三十步深一丈许，连南渠河，自安乐桥四十五里至杭州之运河。"

余杭塘河古称"运粮河"，又名"官塘河"，流经今余杭街道、仓前街道、五常街道至杭州主城区，是杭州西部所产漕粮东运的主要通道。余杭以西临安、於潜等地所产竹木山货也多经南苕溪或木竹河（曾为南渠河上游河道，大致与南苕溪平行，今已淤塞）运至余杭集中后，或通过南苕溪北上运至瓶窑，或通过余杭塘河运至杭州，再向苏州、上海、南京等地分散发售。东部水乡出产的白菜、萝卜、甘蔗等蔬果，则通过这条河逆流而上，运抵余杭，然后再向西部和北部山区各地输送。

余杭塘河岸边，与之并行东进的，还有一条余杭塘路。在 20 世纪 80 年代以前，这两者一直是沟通余杭与杭州的主要水陆通道。唐宋时期，从杭州前往余杭以北径山寺（始建于唐天宝四年，745 年）问禅寻茶，或者前往余杭以西洞霄宫（创建于汉武帝时期，唐代前期建天柱观，北宋初年奉敕改名洞霄宫）问道避居的皇家贵胄、达官贵人和文人墨客，大多都是或走水路或走陆路，沿着这两条通道到达余杭后，或走通向径山的北驿道，或走通往临安的西驿道，前往目的地。

在更大范围内，余杭境内的水陆通道也是向西北连通安吉、湖州和南京，向西南联通浙南、皖南等地的交通要道。比如古北驿道，从原余杭县城北出澄清巷，过莲花桥，经三里铺、芧山桥、新岭亭，过邵墓铺、麻车铺、招兜铺、古城铺、独松关，入安吉县境，可达浙北湖州、江苏南京和安徽各地。

古北驿道始建于唐代。据《余杭县志》记载："唐宝历年间（825—827 年），余杭县令归珧，重疏南湖，新开北湖。又筑甬道百余里，通县西北至古城。"相传，唐代时，茶圣陆羽为避安史之乱从湖州来到余杭，就曾经过这一线，隐居于附近一座名叫苎山畈的小山，写下了《茶经》的初稿《茶记》。唐末黄巢起义、宋元更迭之战、太平天国起义和抗日战争时期，北驿道沿线和周边山地都曾作为重要的军事通道或据点，成为各种军事力量拉锯争夺之处，也是他们守卫或者攻袭杭州的重要关节所在。

更重要的攻守还是发生在城与水之间，甚至不排除秦代最初在余杭设县就有治理苕溪洪水的考虑。地处南苕溪岸边的余杭县城，上承天目山脉诸水，下贯杭嘉湖平原，处在山洪冲决奔袭的关键节点。溪水出山以后，在余杭这片山前扇形谷地恣肆奔流，弥漫向前，在很大程度上塑造了下游杭嘉湖平原的地理面貌，以致在自良渚古城以来的数千年以内，人类一直沿着天目山麓相对高敞的地带筑城卜居，从事生产生活。秦代设余杭县后，随着河流自然淤积和对水流的人为干预，这一带的地理面貌逐渐清晰起来。

最终改写余杭及其下游模糊地貌的，还要迟至东汉后期县令陈浑挖湖筑坝之后。与此同时，陈浑还主持修筑了东郭堰和千秋堰，将南苕溪水引入南渠河。开挖南湖分泄洪水，修筑塘坝约束河道，同时建闸引流，首先减轻了余杭县城自身的水患之虞，也部分解决了东苕溪沿岸平原谷地的用水之需，以及连通上下游的水运需要。此后，东苕溪流域吸引了越来越多的乡民来此垦田耕作，渔业、手工业、林业、丝绸业和畜牧业也随之发展，余杭则逐渐成为这个区域农业生产的中心和相关农副产品的主要集散地之一。

更重要的是，东苕溪右岸大塘和南湖修建以后，后来的杭州城所在的区域，才逐渐从洪水泛滥、冲刷的支离破碎中解脱出来，慢慢有人居住耕作，人烟逐渐稠密起来，为后来区域城市中心的东移和发展打下了基础。从此，这座大塘和这个人工湖泊便成了余杭以东广大地域至关重要的安全屏障。正如清康熙《余杭县志》所载："余水自天目，万山涨暴，而悍籍南湖，以为潴泄。修筑得宜，不独全邑倚命，三吴实嘉赖之。"

除了陈浑以外，另据记载，东汉时期，还有一位曾任南阳太守、名叫摇泰的官员，在余杭县城以北、北苕溪北侧，西到小古城遗址，东到石濑村的地方，主持开挖了查湖（《明一统志》《大清一统志》均有记载，明万历《杭州府志》中则称之为"雪湖"）。南宋《咸淳临安志》则称："查湖塘，高一丈，广二丈，在县北三十五里。其源出诸山，即后汉南阳太守摇泰所封之湖，溉田甚广……"据当地学者考证，当年的查湖后称"渣湖"，总面积约5500亩至6000亩。现在北苕溪岸边仍然留有"渣河墩"这样的地名。

由查湖故址向东，在北苕溪、中苕溪和南苕溪三溪相交汇为东苕溪的三角地带，便是唐代余杭县令归珧主持开挖的北湖，又称"北湖草荡"。

隋代杭州州治东迁以后，余杭拱卫杭州并且与其两城互通的格局已经奠定，而东苕溪的安全无虞始终是杭州城的命脉所在。但到了唐代末年，战乱频繁，南湖和苕溪堤坝年久失修，河流淤塞严重，洪灾频发。宝历元年（825年），归珧出任余杭县令后，便下决心浚湖修堤，恢复蓄泄之利，同时鉴于县北三苕交汇之处，水流湍急，力主新开北湖，分泄三苕之水，同时引苕溪诸水灌溉农田。新开挖的北湖"周六十里"，面积远超南湖，不但大大缓解了南湖和苕溪的泄洪压力，而且可以灌溉农田1000多顷。

经过归珧努力疏浚南湖、整修塘坝、新辟北湖，东苕溪水系终于形成了"上蓄、中分、下泄"的拦、滞、御、导洪水调节机制。除去保障城市安全和农业用水之外，这一系列工程也为他修筑北驿道打下了基础，使得往来于余杭县城与西北平原和山区地带的人们"行旅无山水之患"（《新唐书·地理志》）。

尽管如此，东苕溪堤坝和南、北两湖因其地势险要，仍然时有险情。特别是后来被称为"西险大塘"的东苕溪右岸堤坝，"汇万山之水于一溪，下关杭嘉湖三郡田庐性命"，"三水既合，势益奔涌，直流暴涨，不能遽泄则泛滥为害"，"流尸散入旁邑，多稼化为腐草"。所以，余杭历代主政者和当地百姓始终把对它的维护和修缮视为重中之重，丝毫不敢掉以轻心。

五代十国时期，吴越国国王钱镠修复千秋堰，新筑乌龙笕，进一步恢复了南苕溪和南渠河之间的联系。南宋时期，杭州成为国都、余杭升为畿县之后，更是加强了对西险大塘和南湖的整修治理。特别是淳熙六年（1179 年），开始沿东苕溪分段筑塘，间以陡门，时有"十塘五闸"（均在今余杭区瓶窑镇、良渚街道境内）之称。这些塘、闸的重要性自不待言，但它们屡遭洪水冲击，容易毁损，需要经常性地加以维修，故此后也一直是整个地域社会注意力的集中所在。

2025 年春天，最新一轮西险大塘达标加固工程仍在持续进行。这项于 2022 年 8 月 31 日开工建设的浙江省重点项目已被列入《"十四五"水安全保障规划》《长江三角洲区域一体化发展水安全保障规划》等国家级规划，采取堤防防渗、堤脚抗滑、堤后加固、堤身拼宽并在堤顶建设防浪墙等措施，在全线范围内全面展开。按照计划，项目预计于 2025 年 6 月完工。项目建成后，将把西险大塘的防洪标准从百年一遇提高到 200 年一遇，全面提升杭州及杭嘉湖东部平原的防洪减灾能力，而堤后道路也将实现全线通车。这意味着，如今的西险大塘，既是一条安全线，也是一条集生态保护和文旅融合于一体的生态线和文化线。

左岸：固守一隅也是无限向前

周末，西险大塘对面，一群来自杭州未来科技城的年轻人，从东苕溪左岸堤塘上奔跑而过；一位来自堤下永安村的老人，将三轮车停在堤塘外侧，与塘下赶着羊群经过的邻居交流着稻田转包租金上涨的消息；他们身后，有大巴车正缓缓驶过塘下与堤坝并行的余溪公路，拐进村口。

东苕溪左岸堤塘起自老余杭城区西侧的竹园村大洋圩，在城区东侧随河流走势北折后，至良渚街道安溪村王家湾与德清县交界。因其穿过老余杭城区的路段位于东苕溪干流南苕溪的北岸，所以当地人也把它叫做"北塘"。

关于这条堤塘的修建，两宋之交的抗金英雄成无玷曾在其所撰《南湖水利记》中予以记载：北宋宣和四年（1122 年），余杭县令江帙借整修西险大塘之机，"凡北岸之塘与南对修。由西门之外曰五里塘。西山之横陇，当溪之冲者曰龟边塘。及东郊之外，尽十四坝之防，一皆完治"。

这是见诸文献的关于北塘的唯一记载，但照常理推断，自东汉陈浑筑堤以来，为约束水流，绝不可能只修筑右岸堤塘。何况，正是陈浑这位县令最早把余杭县城迁到了南苕溪北岸。只是对于地处东苕溪下游的杭嘉湖平原和后来的杭州城来说，北塘的安全屏障作用的确远远比不上西险大塘。可是对于余杭县城来说，在近 2000 年的时间中，北塘的安全与否，也是生死攸关的大事。或许也正是从这个角度，成无玷才如此评价江帙的修塘之举："于是决渠之岸，无偏强之患。"

其实，对于东苕溪下游平原和杭州城来说，和西险大塘不同，北塘的安全屏障意义主要不在于堵，而在于疏。北塘和西险大塘固然在很大程度上将东苕溪束水成流，但一旦水位超过极限，北塘外侧西北方向的大片山前盆地将成为分解洪水压力的倾泻之地。

这片盆地东、南两侧被北塘环抱，西临舟枕山等天目山余脉，北隔中苕溪与北湖草荡相望。虽然南有南湖、北有北湖这两个大面积的蓄洪专属空间，但万一天目山来水超过了它们的蓄洪能力，这片低洼盆地就将成为紧急启用的非常滞洪区。直到现在，依然如此。

正因为这样，近些年，当杭州一路向西，重回余杭打造新的"第三城市中心"时，预先就把东苕溪设定成了一个大致的自然边界，包括杭州未来科技城在内的城西科创大走廊，主要在东苕溪东岸和南岸延伸扩展，与西北岸的低洼盆地隔溪相望。

非常滞洪区自然不会轻易启用，所以不难理解，东苕溪西北岸的那片低洼盆地另一个重要的身份，便是基本农田保护区。这也是余杭区辖域内面积最大的一片永久基本农田保护区，区域内包括了永安、溪塔、洪桐、下陡门、上湖、义桥、仙宅和竹园等 8 个村庄，总面积达 71.8 平方公里，拥有 3 万亩永久性基本农田。

这是一个被寄予重大安全期待，同时又获得决定性保护的区域。在其四周，从东北方向的良渚古城，到西北方向的小古城，从区域西部自舟枕山脚下蜿蜒穿过的北驿道，到区域南侧绵延 2000 多年的余杭故城，再到东南方向正在崛起的未来科技城以及更远处的杭州老城，人类与地理空间的互相塑造和成就，已经进行了数千年，也正在并即将发生新的延续和书写。

虽然区域功能定位不同，但当八村百姓站在自家门前的稻田中，远远望见来自未来科技城的年轻人从东苕溪堤岸上骑行或奔跑而过，或者看到越来越多从杭州主城区赶来的人们在东苕溪岸边扎下露营的帐篷，他们也越来越多地看到了联结苕溪两岸、融合前行的可能。这其中，也有着他们自己以及他们生息于此的这片土地的未来。

2024 年 7 月 2 日，浓雾笼罩下的下陡门村和永安村。

2024 年 11 月 26 日，从 397.7 米高的娘娘山顶向苕溪北八村方向远眺。

2024 年 6 月 25 日，良渚古城遗址公园。

2024 年 6 月 18 日，小古城遗址考古现场。

2024 年 6 月 21 日，余杭古城遗址考古现场。

2024 年 6 月 21 日，老余杭直街待修缮的古街建筑。

2024 年 6 月 26 日，位于余杭街道溪塔村的明代古建筑舒公塔。

2024 年 6 月 26 日，流经溪塔村、永安村、下陡门村的南茸溪。

2024 年 7 月 2 日，从北湖上空俯瞰中苕溪、仇山和远端的娘娘山。

2025 年 6 月 2 日，俯瞰余杭街道局部及南湖、南苕溪、通济桥、舒公塔和安乐塔。

深描

洼地，文化生态系统的韧性叙事

生活不是我们活过的日子，而是我们记住的日子，我们为了讲述而在记忆中重现的日子。

——加西亚·马尔克斯

历史空白处的苕溪北八村

现在我们把目光从老余杭的山川、古城勾勒出的大地理、大历史的轮廓线中移开，转而投入到这 "3 个 C" 格局里的中间空白部分——东苕溪西北岸的一片低洼盆地，它的另一个重要的身份，便是永久基本农田保护区，这里的农村一直是曾经的余杭县（市、区）粮食、竹笋、茶叶、蚕茧的主产区之一，有着大地最深的皱褶和生命交流的无声细语。

从地形、地貌来看，余杭街道的城北八村，也叫苕溪北八村，与老余杭（杭州市余杭区的老城区部分即余杭古镇）一（苕）溪之隔，属于河谷平原，主要分布在南、中、北三苕溪谷口至东苕溪（2008年 8 月 14 日浙江省水利厅河道管理站行文批复南苕溪与中苕溪汇流处为东苕溪起点）一带，八村地势由西南向东北微倾，虽有孤立于田畈的低丘，但总体比较平坦，海拔 3.5—5 米。

三面合围城北八村的南苕溪、中苕溪都源于天目山区，八村又处于山区平原过渡地带，洪水来急去缓，南苕溪在城西呈新月型走向，在城东几为直角折北，形成行洪瓶颈，历史上苕溪洪水泛溃多发于此，于是越靠近南、中苕的区域（主要是原永建乡），越港汊纵横、地势如锅。因为成土母质多有新、老河流的冲积物，土壤较有肥力，水稻成为主要作物，但水势无常，易发生内涝。

如今的八村是 2003 年由 23 个村合并而来。按地理位置细分八村土地，就有原舟枕乡（上湖村、竹园村、仙宅村、义桥村）的半山区和原永建乡（溪塔村、洪桐村、永安村、下陆门村）的平原区之分。1958 年，舟枕、永建两个大队与余杭镇（仅指"在城镇"）合并为余杭人民公社；1984 年，舟枕、永建由人民公社改为乡，1992 年，舟枕、永建两乡并入（大）余杭镇。2001 年（大）余杭镇撤销，八村区域被划为余杭街道，隶属杭州市余杭区。

城北八村总面积 71.8 平方公里，占余杭街道总面积接近 70%。截至 2025 年 3 月，八村常住人口 42238 人，其中流动人口有 13800 人，都是外来务工人员，占比 32.67%，将近三分之一。城北八村有 90 岁以上老人 324 人，其中百岁以上 2 人，年龄最大的老者 102 岁。

若从地理文化空间看，苕溪北八村这个独特的地理单元，背靠良渚古城遗址，面向杭州未来科技城，伴随东苕溪一起串联了千年文化轴带与未来生活图景。如今八村所在区域已是一望无际的永久性农田保护区，它们有个统一的响亮名字"禹上稻乡"，包揽了 3 万多亩永久性基本农田，是余杭区最大的连片稻田，它的核心区块位于永安村。永安村就是八村的缩影。

1989 年首部《余杭镇志》的序里写道，"余杭县从宋代以来就开始修志，直至清朝中叶，传统不绝，而自（清）嘉庆以后，即未见志，

　　　　　　　　　　　　　　　　　　　　　　　深描

民国时期，曾有修志之举，但仅存草稿，六十年代初，曾有过此议，但未能实行"。村庄历史往往通过口述传承或村史资料保存，但地方断志百年再加上建置多变，资料散佚，具体到旧时苕溪北八村的建村史、水稻种植史、水利史时，很难查到准确详实的历史记载。

同时，我们所知道的历史又是一个非常不平衡的历史，它习惯把焦点放在一个帝王将相、英雄豪杰、文人骚客、商贾巨富驰骋的小舞台上，而对舞台下面千变万化的民众的记录却可有可无，因为他们太渺小，渺小到难以进入史家的视野。

除了外部官方文献的缺失，八村内部诸如族谱、家谱、地契、房契、各类买卖典押契约、各种账册、疏浚劝捐文书、庙会名册、碑刻、坊额等民间文献也是寥寥无几。

这样看来苕溪北八村这片土地，它的古老过往真就一片空白，似乎没有留下任何的深纹与浅痕。

不过，综合现有的地方志、水利档案、老照片和进行口述历史调查，我们仍可以尽可能地来描绘从百年前到如今，这片区域的土地布局、水利设施、居住形式、生计模式等，人们如何与自然环境互动、如何组织社会生活。挖掘这些文化层，不仅仅是展现物理空间的痕迹，更是社会生活、社会结构、价值观念等方面的体现。

水利设施与土地肌理的互动

永建一带（尽管舟枕乡、永建乡作为独立的行政区划被撤销，但当地居民对此的历史记忆依然存在）的地势较低，土壤以黏重的低沙土为主，排水性能较差。"畈"是永建土地分割和居住布局的最基本单元，永安村的"吴家畈"，下陡门村的"朱杨畈""盛家畈""陈家畈"……一个自然村（组）就是一个畈。畈读 [fàn]，当地人读 [bàn]，

"我们这里的土话常说的'这一畈'，其实就是指这一大片田"。

在村民的记忆里，他们的祖上在一二百年间从外地过来讨生活的时候，现在的永安村的范围内还是一片荒地沼泽，到处坑洼、高低不平，有的地方树高草深像隆起的小山坡一样。他们寻找到有水塘、还算平整的无主之地就会东一户西一户分散定居下来，"因为没水车，种田全靠水塘供水，有水塘的地才是好地"。

先从平地开挖，比如一块二三十亩的地方，一开始只有两三亩是平整的，今年挖一亩，明年挖一亩，几代人下来才整出一片田。"我阿太祖宗（浙江方言，通常指的是曾祖母或曾祖父）那一代，除了晚上睡觉，白天他们都在干这个活，谁家有力气开垦，地就是谁家的。我们这儿的田地都有自己的名字，比如'吴家畈'就是吴家祖宗开的田，依此类推。1953—1956 年完成农业合作化后土地归集体，名称保留了下来。"

最初，原始畈面积很小，随着人口繁衍聚族而居的需求增加而不断向周围扩展，最终形成自然村。永安村沈家头 97 岁的老人吴同庆说："我年轻时，我们住的畈只有 18 户人家，现在已经有七八十户。"这些自然形成的畈的中心一般都是塘，用来储水、养鱼，畈的周围有棚屋、房舍、菜园、桑树、坟地、排水沟或者水井等，一切自给自足。随着移民不断到来，最终，畈与畈之间呈现出东一块西一块、犬牙交错、杂乱无章的样貌。

与"田畈"相呼应的是"圩田"，是指在地势低洼的地方为防御洪涝灾害而筑的大小不等的土围，俗称"圩"[wéi]，在永建靠近北湖草荡一带也被称为"埧"[jù]，比如靠近中苕溪的下陡门村就有"仇埧""田家埧""洪洋埧"等。圩田在历史上是一种重要的土地利用方式，通过修建堤围和排水系统将低洼地改造成可耕种的农田，既解决了洪涝问题，又提高了土地的生产力。

圩田也是个长期的过程，"祖辈们用堤把洼地围起来，围起来的时候会垫高地面，比周围高出一两米，这样可以防水。几户人家一起干，围起一个小埂，这样虽然其他地方有水，这块地就没水了，可以种田"。

随着区域人口的快速增长和农业生产的需求，人们对低洼湿地的开发力度显著加大。根据史料记载，原余杭县在清初顺治十年（1653年）时全县人口仅19398人，至清末光绪二十四年（1898年）增至97223人，其中外地迁入28499人，大部分移居苕溪两岸和丘陵山地耕作生息。

与水利志记载的唐代就形成的"七里一横塘，五里一纵浦"的横塘纵铺格局的大圩区相比，永建一带都是以小河小浜为界的小圩格局，尤其到了民国时期，河湖继续被侵占，水网日趋混乱，农民为阻水保田，普遍围堤筑埂，埂上种桑，俗称桑埂，形成大小不等、高低不平的数以千计的围圩。这些圩田规模微小，圩堤低矮单薄，损坏严重，河道淤塞，涵闸失修，抗灾能力很低。

在90岁以上永安村村民的记忆中，洪水曾经是生活的常态。洪水来袭时，茅草房往往难以抵挡，眼看着被冲垮漂走。为了自救，村民们会将铺盖、食物搬到堤塘上，在堤上挖坑生火做饭。在国民党统治时期，村民从未见过政府的救济。直到1963年，一场大洪水淹没了整个永建，村民们才第一次感受到政府的救助。当时，政府分发馒头，并用船只运来救急物资。洪水退去通常需要一个月左右的时间，期间洪水带来蛇、蚂蚁、害虫以及漂浮的死老鼠和来自粪坑、猪圈的污秽物，让场面混乱不堪，一片狼藉。

由于东南季风的影响，余杭历来是暴雨、洪水、台风、干旱等灾害多发地区之一，尤以洪涝为重，自古流传"小灾年年有，大灾三六九"。苕溪流域平均十年就发生一次严重性洪灾，而一般性洪灾平均两三年就发生一次。仅 1949 年至 2010 年的 61 年间，余杭境内发生的有实测资料的大洪水就有 8 次，成灾表现基本都是大水灾淹没农田、粮食大幅减产甚至绝收。

东汉以降，历任余杭县令都把治水作为头等大事，他们沿苕溪筑堤塘、涵闸、湖：堤塘为防御洪水侵袭，如东汉时（公元 173 年）所筑的西险大塘、宋初以前（北宋宣和四年是最早见诸记载时间）修建的北塘；涵闸为放水灌溉之用，如南宋时为西险大塘上修筑的"十塘五闸"（分别位于现余杭区的瓶窑镇、仁和街道，均处于苕溪北八村的下游）；湖则为分杀洪水，如建于东汉和唐代的南湖和北湖两个"滞洪区"（两湖南北夹持的中间部位即为余杭街道的城北八村和部分城区）。

受中国古代传统的治水思路和水利技术、资金的制约，汉代至民国前期，水利工程虽一直被历代地方政府所重视，但对于东苕溪上游防洪办法大都局限于疏浚南湖、北湖和维修堤塘，亘古未变。历代虽屡有疏浚修筑，但时兴时废，导致湖底淤垫，加之乡民围垦不断，南、北湖的蓄水效用不断下降，明清时期山洪爆发时往往酿成重大的水灾。

民国中期，中国的水利事业开始由传统向现代转变，随着中外水利专家先后到东苕溪上游的天目山进行实地调查，治水思路已将修筑水库列为防洪减灾的重点，同时兼顾南北湖的蓄水功效，但遗憾的是，受人力、财力、战争和技术等因素的影响，这个工程计划一直停留在勘查、测绘和筹备阶段，没有实施。浙西的水库兴建以及现代水利建设都是中华人民共和国成立以后的事了。

在老余杭人的概念里，东苕溪干流右岸的西险大塘一直是条地理分割线，是人口、经济、人文分布不均匀的线，也是划分繁华与寂寥的线。"老底子的时候，西险大塘作为拱卫老余杭（杭州市余杭区的老城区部分，即余杭古镇，浙江唯一保留两千多年历史的县治古镇）、杭州城乃至杭嘉湖平原的重要防洪屏障，自古以来就是'官塘'，老余杭叫'塘内'，苕溪北八村就是'塘外'了。"

东苕溪干流左岸堤塘俗称"东苕溪北塘"，则被民间戏称为"民塘"，1992年前由舟枕、永建两个乡自己负责。北塘自竹园村丁桥大洋圩三号桥至良渚镇安溪村王家湾与德清县交界，全长24.72公里（不包括北湖草荡3.7公里堤塘），其中，自竹园村丁桥大洋圩三号桥至下木桥中苕溪出口处16.37公里今属余杭街道管护。为确保西险大塘安全，历来规定北塘堤顶高程应低于西险大塘1米。广义的北塘还包括永建圩等大大小小的圩田内的堤塘，是护佑苕溪北八村土地和老百姓最切肤的生命线。

中华人民共和国成立后，作为国家级重点水利工程的东苕溪治理采取防重于抗和流域综合治理的方针，至21世纪初，初步形成拦、滞、御、导较为完整的防洪体系。在南、中、北苕溪的上游兴建了青山、水涛庄、双溪、四岭等大、中型水库拦蓄洪水，以消减洪峰。

南苕溪有多处束窄河段，在1995年西险大塘第二期加固工程中，对束窄段的横跨西险大塘、北塘的余杭通济大桥和土桥湾铁路桥（在八村的溪塔村），实施了退堤扩河工程。行洪能力由原来的十年一遇洪水流量提高到百年一遇。2010年在西险大塘又新建余杭、上牵埠两座新闸。2022年开始，西险大塘最新一轮的加固工程目前正在进行，完成后防洪标准由100年一遇提高至200年一遇。

1995年，东苕溪北塘按20年一遇防洪标准加固加高，并改建沿塘涵闸（洞），资金由国家补助和镇村自筹解决，受益区按受益情况以资代劳，非直接受益区则是接受社会各界的捐款。2006年工程完工。

如今，住在苕溪东岸的村民走在安装了防浪墙，并且宽阔如大马路的西险大塘上，将视线投向西岸杂树掩映下的北塘，能看到溪塔的村民三五成群地坐在临水的堤上拉着家常，远处娘娘山的尖顶之上落霞正与孤鹜齐飞。

唐代以来地方形成了汛期先启用北湖、不敷再启用南湖的滞洪格局，来缓解余杭县治和西险大塘的汛期压力。若南北湖已满，下游德清大闸不及泄太湖，就要作非常之举，动用第三水仓以永建区块滞洪了，永建本已有良田千顷，但为了杭嘉湖平安，也只得丢车保帅破堤分洪。1996 年特大洪水后，1998 年永建、上南湖等被列为非常滞洪区。所以，永建民间也流传着余杭有南湖、北湖，还有个"中湖"，永建就是"中湖"的说法。不过，非常滞洪区至今未被启用过。

为了更好地利用土地资源，城北八村在平原治涝方面首先开展的是圩区整治，这是个经年累月的劳动。1958 年开始的人民公社化运动一上来先是兴修水利，搞基本农田建设。永建上了 60 岁的村民都记得，一直到 20 世纪 80 年代后期，生产队的集体劳动指的除了种粮食就是修堤、修塘（清除鱼塘、种稻）、修田（开垦荒地），男女同工不同酬。仙宅村 92 岁的朗向明记得，因为家里没有男劳力，收工之余，她能挑 190 多斤的干柴去城里卖。

每年的冬春时节，队里都会发动群众对堤塘进行培土修理。村民们"最深刻的记忆是 1968 年到 1970 年，大家连续挑了三年担，将地埂的泥土搬掉，挑到堤塘上，年年加高、加厚，修机耕路，填平鱼塘，清理水沟（水沟也是土沟，每年都需要清理），并平整土地。到了'农业学大寨'时期，要求进一步提高，目标是要建成'田成方、路成线、林成行、渠沟相连'的新田畈。随着工程的推进，一些圩区也逐渐合并了。"据记载，到 1985 年，整个余杭县共平整了约 20 万亩土地。

此后，1987 年开始实施低产田改造工程，逐步将低产田改造成旱涝保收的高产田。1990 年，平原低洼圩区的整治与建设"吨粮田"相结合，继续培修加固圩堤，新建泵站、改造危闸，并整治河道，进一步提升了农田的防灾抗灾能力。

　　　　　　　　　　　　　　　　　　　　　　　　　深描

虽经逐年培修加固，但部分地段堤塘仍会出现险情，当超过十年一遇洪水时，有的地段会发生洪水漫堤倒塘。如 1999 年特大洪水，苕溪北塘出现险情 185 处，堤身塌方 9 处，其中下陡门村的郎家湾决口 50 多米。堤塘渗水 10 米以上，出现管涌漏洞 165 处。圩区整治因此除了加高堤防，还要疏浚河道，截湾取直，使其泻水通畅，争取抢排时间；同时还要改建沿塘涵闸，按需要进行人为控制调节分洪。

下陡门村的村民有这样的记忆，原本的中苕溪是通竹筏的，大家运送竹木柴炭去瓶窑，但久不整治，泥沙淤塞，河床抬高，所以解放前就无法通航了。中苕溪从径山镇的麻车头下来先流向东南，这时候溪面狭窄，河道弯曲，两岸堤塘也很单薄。到了径山镇的邵母桥再向东，从仇山西侧的下陡门仇山村前绕到仇山的北面，全长有 3.8 公里。

"流到仇山北面的中苕溪就像条小河，我小时候经常在那里游泳，但每逢洪水就会漫堤决口，淹没农田。1975 年镇村组织老百姓直接在仇山的北面挖了一条笔直的 1 公里多的人工渠，把中苕溪截弯取直了，比原来的河道缩短了 2.3 公里，这样泻水就通畅了。"

历史上的排涝工具最早用人力制勺戽 [hù] 水，或以绳索牵引木桶戽水，唐时开始有木制水车，靠人力手摇或者脚踏来转动或者牛来拉动。直到 50 年代初，永建的排涝抗旱都是依靠水车提水。1954 年排涝时，据说余杭全县出动了大小水车三万余部。1958 年余杭人民公社成立，还有少量水车入股由集体管理用于排涝或抗旱。之后没多久开始兴建固定排涝机埠，用上了机电抽水机。

"下陡门村的朱杨畈和盛家畈，是永建地势最低的地方，下雨时水会特别深。我们小时候有句不好听的土话：'一点一个泡，朱杨盛家没 [mò] 卵泡'，形容下雨水会淹没下半身。我们在黄母山下的港舍组，离朱杨畈和盛家畈不远，地势也低，中苕溪以前跟我们接触面积更大，一发大水，水就直接从北面的仇山冲过来，村里就自己搞了个排涝机埠排水。中苕溪人工取直成了内港后水就少了，要靠打电话给径山镇让他们放水下来，很麻烦，后来村里就挖了三汊港蓄积雨水来解决田地灌溉，还包括原港罕仇坝组，仇山沈家塘组的农灌水。排涝机埠到现在也没什么作用了。"

这种明争暗斗的"抢水"大战过去在村村之间常有发生。尤其是处于丘陵平原交界地带，一条小河要绕村十多里而过，加上山丘阻隔，用小河里的水来灌溉有很大的困难。即使修了堰塘，靠蓄雨水，遇上大旱，也根本满足不了所有的田块耕种用水，于是村民就会花钱向别处买水。仙宅村有座苎山桥，南北向跨苎山港（内河），明嘉靖《余杭县志》载，为元至正年间始建，现桥为清代重建。这座单孔石拱桥的桥身上有个方形分水孔，就是上个世纪 70 年代为解决舟枕乡和永建乡的抢水风波而开。

余杭区苕溪堤坊河道管理所原所长沈祝其说，为了防洪、供水、粮食和生态的安全，近几年，永建一带沿塘的主要水利设施升级了硬件，还进入了区级标准化管理。新改建的新陡门泵闸站位于永建的新陡门港与南苕溪交汇处。一旦南苕溪上游发生洪水，打开新陡门闸站就能分洪进水或泄水排涝，确保永建圩区内的安全。升级换代的下陡门泵闸站则承担着下陡门港、永丰港及周边区域的排涝抗旱任务。

位于溪塔村的永丰闸，是北塘上现存最具历史价值的水利设施。明万历三十年余杭县令程汝继曾在此筑堰，名尹公堰，引苕溪水入城北灌溉永建一带田地，1969 年改建为水泥闸门，此后更名为"永丰闸"。如今，永丰闸也一改以往作为功能设施的"暗沉之色"，粉墙青瓦、楼台水榭、飞檐翘角的设计，融进了人们记忆中的江南水乡。

与此同时，余杭南湖边的工地上，正在挖掘一条地下 55 米深的"巨龙"——"扩大杭嘉湖南排后续西部通道工程"。它将连通城西的四处低洼地带，形成一条高速水路，在汛期汇集城西的洪水，

深描

经西部群山，从九溪排入钱塘江，建成后一天可排涝相当于两个西湖的洪水量。从某种意义上，"城西南排工程"让"分手"几千年的苕溪和钱塘江在余杭再次握手相连，苕溪上游的山洪水在地下分两路分别汇入钱塘江。

稻作传统与乡村生活

从永安村最北端的下木桥沿东苕溪顺流而下四五公里，就能到达距离良渚古城核心区的西北角10米处。2017年夏天，古城里一个叫做"池中寺"的台地，被证实为良渚时期人工堆筑而成，其中发现了两大片的炭化稻谷堆积，经过测算，超过了39万斤，并且发现了一截截绳子，和现在的麻绳很像，推测是用来捆扎的。在古城宫殿区，这样的炭化稻谷堆积地点，目前发现了6处，以池中寺为最大。但是，考古队员在古城遗址内外做过专门的良渚文化稻田的钻探和调查，目前还没发现任何水稻田的迹象。"良渚人"种水稻的工具有哪些？彼时他们会使用成套农具，石犁、半月形石刀、石镰等，用于耕种、收割，但良渚古城只在南侧的卞家山（属于良渚晚期外城墙的一部分）发现了一块石犁尖尖角和一片被改制的石犁残片。

居住在城内的良渚人，很可能不耕种水稻，"城里人"并不从事农业生产。那古城如此巨大储备量的稻谷从哪儿来？应该是由古城郊区的居民以及良渚遗址群以外的居民提供的。王要吃的大米饭，必须依赖城外人的生产。那么生产基地又在哪里？2009年，东距良渚古城约30公里的茅山遗址（是兼具居住、墓地和农田区的史前聚落遗址）的发现在考古上给出了答案，为后来申遗时世界遗产委员会作出"良渚古城是稻作生产高度发展基础上的区域性文明"的结论，提供了硬核技术支撑。

良渚文化遗址的发现使余杭成为研究中国南方稻作文明的重要基地。

看到这里，如今生活在永安村的人们会产生一个疑问，既然东苕溪流经永安村到达良渚，那良渚时期永安村会不会也是良渚古城的一个稻米产区？住在这里的人可能会定期划着竹筏，为城里人送粮食。

根据考古研究，东苕溪现在的河道是经过古苕溪三次大规模改道后形成的，而在距今5300年至4300年的良渚时期，东苕溪的最终走势尚未确立。彼时，永安村一带的土地处于苕溪几条独立支流漫漶下的混沌湿地状态，东苕溪的主要水系并未流经良渚。因此，永安村在当时不太可能是良渚古城的稻米产区，人们划竹筏为城内送粮的可能性也很低。

此外，良渚古城西北方10公里处的外围水利系统由11条堤坝组成，其主要功能是将天目山余脉大遮山丘陵的山洪蓄留在山谷和低地内，以解除山洪对古城的直接威胁，而非应对东苕溪的洪水。这一发现进一步证实了良渚时期的永安村与古城之间的地理和水利关系与现代截然不同。

尽管地理位置相近，良渚古城与后来的余杭古城、杭州城并无直接传承关系。

余杭之名，春秋时已见诸史籍，春秋时，初属越，后属吴。战国初（前473年），勾践灭吴后复属越。公元前334年，楚收越，尽取吴地至浙江，又属楚。秦王政二十五年（前222年）平定江南诸国，于故吴地置会稽郡。余杭、钱唐两县自此始设，是"最早的杭州"。余杭立县时县衙设在苕溪之南，但同期的钱唐县城位置尚不明晰。

田野考古在一定程度上揭示了C型洼地里八村先民的繁衍生息状况：义桥村有磨子山南坡良渚文化、汉、西晋时期的磨子山遗址，以及跨越了战国、两汉、六朝、宋代、清代五个时期的义桥墓群；溪塔村有战国时期的土桥湾古战场遗址；上湖村的汉代梯子山墓群；仙宅村的汉代娘娘山仙人洞，以及唐代的新岭古驿道遗址（属余杭北驿道的一段）；竹园村瓶窑坞发现的宋初古窑遗址，出土了执壶、系罐、韩瓶等器物碎片。

唐宝历元年（公元 825 年）归珧就任余杭县令，恢复了南湖蓄水滞洪和泄水灌溉的功能，又开辟北湖，修筑余杭北驿道。隋唐至北宋初年，县治位于苕溪南岸，而北驿道是从前朝（东汉熹平年间）位于苕溪北岸的旧县址北城墙的莲花桥出发，穿过上湖村、义桥村、仙宅村等至安吉县交界处独松关，它使西北方向山货集散于余杭，促进了余杭商贸。

从这些遗址的分布也许可做如下历史推断：娘娘山山脚下的舟枕因其地势较高远离洪水威胁、木材等资源丰富且邻近南苕溪交通便利，很可能早早就形成了繁荣的古村落并绵延不断；而永建一带因地势低洼、洪水频发，很可能直到唐代农田水利技术进步后才逐渐得到开发。舟枕与永建发轫的时空差异，不仅是自然条件的结果，也是历史、文化、技术等多重因素共同作用的结果。

南宋时期，余杭作为宋室都城最近的县城，北方人口南迁激增，官需、军需、民需迅速膨胀，江南圩田建设也达到高峰。伴随着至少是北宋初年之前就开始的东苕溪北塘的修筑，北塘内大量荒地被开垦种植，农业空前兴旺。八村所在的区域尤其是永建一带想必也是农事繁忙，但由于当时对农耕人口数量、村落规模和稻作发展程度缺乏关注，这些细节未被记载。

苕溪北八村的稻作历史在如今村民的记忆里，可追溯到清朝中晚期，特别是太平天国运动后大量移民涌入的初期。当时的移民，完全依赖自然环境和传统的农耕方法生存。他们开垦荒地，修建沟渠，逐渐将这片土地变成了稻作耕种的适宜之地。

八村的人从哪里来？有必要先说说这段移民的历史。

清咸丰元年至同治三年（1851—1864年），太平天国运动持续14年。1861年底，李秀成部围困杭州近三月后破城。咸丰十一年（1861年）十二月十四日，曾国藩致曾国荃家书中写道："……浙江省城竟于十一月二十八日失守，兵民六十万人，食尽而破，大约半死于饿，半死于兵，存者无几。"城破后，屠杀与瘟疫肆虐，人口又大量死亡。《余杭镇志》记载，与苕溪北八村一水之隔的安乐山东麓有"千人坑"，为太平军与清军多次激战后收集枯骨所葬。据复旦大学《中国人口史》统计，杭州府战前人口372万，战后仅余72万，人口损失率达80.6%。

太平天国灭亡以后，浙江省内其他地区的人口开始填往遭受重创已然寂静无声的杭州府、嘉兴府与湖州府。清政府为了恢复生产，也鼓励和吸引全国各地移民前往垦荒。

八村村民的分布格局主要形成于太平天国之后，移民来源多样，居住方式与自然环境密切相关。绍兴人喜欢沿河而居，因其土地贫瘠，多为盐碱地，"十种九不收"；温州人则依山而住，以躲避频发的台风与洪水；河南人多选择平原田畈，而安徽、湖南人中不乏湘军、淮军散兵的后代。这些移民大多因垦荒、逃难或逃荒而来，迁移也并非一步到位，临近的径山、远方的湖州都可能是途中的站点。与之形成对比的是，余杭本地人主要聚居在城镇。

20年前，永安村下木桥自然村曾追溯村民来源，结果显示其村民来自7省13县，充分体现了八村移民的多样性。

也有一些村落的历史可以追溯至太平天国之前，比如靠山的原舟枕乡的有些自然村落，据称已有220多年历史，温州移民迁居此地已历八九代人。温州因"七山二水一分田"的地理特点，粮食自给不足，自清代雍正年间起，便有大量温州人外出种植山地，租地耕作，成为"棚民"（指离开原籍到异乡山区搭棚栖身的人群，摆脱了政府户籍管理和税役，主要以租地或应雇为生），尤以嘉庆年间为甚。

另外，近代移民也有这样的情况，民国时期，下三府（杭州府、嘉兴府、湖州府）曾爆发过严重瘟疫，导致大量人口死亡，土地荒芜，村落一片萧瑟。据仙宅村里老人回忆，那时候逃难者从各地迁徙而来。他们走进废弃的房屋，常常会在走廊、房间，甚至床上撩开帐子时发现白骨。这些移民会将白骨安葬，彻底清理房屋，然后定居下来。而这个房屋，便成为他们的新家。

栽培稻起源于我国南方，余杭地处太湖平原南缘，气候温和湿润，水资源丰富，自古以来就是水稻种植的理想之地。唐宋时期，余杭所在的杭嘉湖平原已经是全国重要的粮食产区。

回到苕溪北八村的稻作历史，一二百年前为获得增量土地辗转到达苕水之滨的移民，正是有效利用了低洼地做成圩田，通过人工排水和灌溉系统，解决了土壤黏重和积水问题，使得水稻种植得以顺利进行。他们在圩田里四周高的地方种蔬菜、中间低的地方做鱼塘，不高不低的地方种水稻，绘成了一幅丰收在望的理想画面。

不过现实比理想要残酷许多。在永安村近百岁老人的记忆里，早年的村庄都是零散的小自然村，没有管理之说。人们根据耕地和水源选择居住地，见有空地便搭起茅草屋，东一家西一户，分布无序，田地零散，那时候整体环境更像泽国一片，与如今的旱地或农田大不相同。

民国时期，永建多种一年一熟的中稻（至 1958 年不再种植，改单季为双季），以籼稻为主，有少数粳稻、糯稻。品种有罗尖、广籼、青粳尖和每亩产量仅 100 来斤的红壳糯等。玉米、马铃薯、番薯等作物虽有少量种植，菱角、莲藕、芡实（鸡头米）、荸荠也被当作食物，但所有收成加起来仍难满足温饱。这种状况直到 20 世纪 60 年代才逐渐改善。

田地的开垦靠祖辈勤劳积累，开垦多的人家后代分地也多，反之则少。1982 年实行包产到户、包干到户时，田地分配便依据这些历史开垦情况。因此，有的生产队每户能分到三亩田，有的只有一亩多。

传统水稻种植方面，要想有好收成，代代相传的经验使得每一步都至关重要。姚凤贤退休前是永安村的副书记，他说，头年 12 月就要准备好种子。种子需晒干后装袋封存，防止鼠虫啃咬。20 世纪 60 年代以后，这里普遍种植两季水稻——早稻和晚稻。第二年种早稻时，需要先取出种子做发芽实验，若出芽率低于 90%，就得另寻新种。

发芽试验很简单：取二三两稻谷浸种几天，之后包好放在腋窝处催芽。靠着人体温度，四五天便可发芽。若迟迟不发芽，说明种子不合格，需重新寻找。"70 年代前没有杂交稻种子，全靠眼睛观察谁家的稻子干净、产量高，旁边没种别的否则花期容易串种，然后去讨要种子。一亩地需七八斤种子，三亩地则需二十多斤。留作种子的稻子要留到十成熟的时候再收割，必须和其他地里的收割期不一样。留种的必须是带壳的稻谷，不能用打谷机处理，否则壳受损，发芽率就没了。"

批量催好芽后，4 月 1 日将种子撒入田间，覆盖尼龙薄膜保温。秧苗期通常一个月，5 月 1 日必须将早稻种下，否则种晚稻就来不及了，所谓"晚稻一过秋，十有九不收"。早稻生长期约 160 天，一般在 7 月 12 日左右收割，紧接着便开始种植晚稻。在一年两季的种植结构下，仅有三天的"双抢"期，通常都是伏天，收割、脱粒、晒谷、犁田和插秧等全靠人力完成，从早到晚辛苦异常。

在改种杂交稻前，永安村种植的品种如"秀水 11"和"紫金糯"颇受欢迎。"'秀水 11'米质好，产量高，亩产可达 1100 斤；紫金糯米粒圆滑，口感糯软，打年糕时如牛皮糖般黏稠。但'秀水 11'种植五六年便会退化，产量与口感下降。而杂交稻每年需制种，基因稳定，不会退化。"

在永安村村民眼中，永建的土壤很特别。最上层是 30 公分厚的轻质种植土，属于水稻土中的黄壤，但颜色偏黑，质地松软，活性强，种植水稻需要 20 厘米的土层就够；第二层则是青紫泥，质地黏稠，捏在手上像一团泥巴，甩都甩不掉。村里的老人常说，这种泥巴一旦沾到锄头上，背到城里都不会掉下来，所以也叫"死泥"，非常坚硬，水很难渗透下去。

2013 年，在改成一年一季麦一季稻后，村民们发现，活泥在上层，像海绵般吸水，适合种植水稻；死泥在下层，渗水能力差，小麦种植难。为了解决这一问题，当年永建乡的书记根据农大老师的建议，委托铁匠打造了一种特制工具——"永久锹"，并在全乡推广。永久锹形似田野考古的洛阳铲，锹头呈浅弧形，两侧微微翘起，整体又为上窄下宽的梯形，底部宽 10 厘米、长 40 多厘米，木柄长约 1.2 米。

如今，永安村早就不再使用这种农具，仅少数人家保留，且锹头多已磨损过半。村民演示其使用方法：先将锹头侧立切入泥土，抽出后再从另一侧切入，最后平推锹身，便能完整起出一块光滑的泥土。"永建一带地下水位高，种小麦需将水位降至 30 厘米以下，否则小麦长不好。普通铁锹挖不动'死泥'，永久锹能挖到 40—50 厘米深，挖沟排水，解决难题。"

从 1982 年土地联产承包责任制到 2000 年，以永安村为核心的茗溪北八村都处于传统农业的生产阶段，概括说："每个村只有一台拖拉机，犁平了地之后还要用绳子拉平再耕种。"此时，农耕开始机械化，但数量有限，犁具能将土地翻耕松软并去除杂草，但无法达到精细平整。种植水稻需要土地完全平整，以确保作物生长均匀、灌溉施肥方便。为此，农民们会在地面拉几根绳子作为参考线，帮助判断

洼地，文化生态系统的韧性叙事

高低差，将土地调整一致。

除了土地利用、传统稻作生产的历史变迁，再来看看逐渐村落化后的移民生活。

200 年间的外来移民带来了多种方言，如江淮官话、中原官话、温台地区闽语等，与本地的吴语区太湖片苕溪小片方言相互影响、融合。八村的本地人通常会说两种方言：对外社交使用本地吴语，在家则说祖居地方言。"我爷爷是从河南罗山逃荒来的，我是本地出生，也会说河南话，但只和老一辈聊天时用，音调肯定变了许多。"

杭嘉湖的"杭"主要指钱塘江北岸的杭州地区，包括临安、於潜、昌化、余杭及杭州城区。这里的生活习惯与苏锡常地区相近，但也有外来移民的影响。本地人原本偏爱甜食和清淡口味，后来逐渐接受了移民带来的咸辣风味。入冬后，常打年糕、腌咸菜、备咸鱼腊肉，部分习俗源自外来文化。不过，不同文化间也偶有不和谐的插曲，例如，祖居河南的人家过年会磨豆腐、做豆腐，而余杭本地人认为"白事吃豆腐"，豆腐饭是丧事时才吃的习俗，因而会感到不适。

南苕溪将余杭古镇分为溪北、溪南，旧时只有一座通济桥连接两岸。八村没有集市或者墟场，村民要去南苕溪南岸的城里或是东岸的村落，都靠摆渡过溪。南苕溪上曾有宋公渡、明月渡、木香渡、姚村、汤湾渡五个渡口，宋公渡在上湖村，明月渡、木香渡在溪塔村、姚村，汤湾渡则在永安村。据说溪塔村的木香渡最早是有一个艄公的，后来改为绳索拉船，船两头各有绳子固定在南、北两岸的堤塘上，过溪的人就自己拉绳子。20 世纪 90 年代前，木香渡、姚村、汤湾渡还有人摆渡过河，能看到两岸长满了草的堤坝，远处是几棵百年香樟，还有在苕溪里淘米洗菜摸黄蚬、挑水捣衣话家常的人。

余杭镇作为浙西交通要冲，素以水陆码头著称。上世纪 20 年代初才开始有公路、铁路的兴建。

1922 年，永建境内（从溪塔土桥湾到下陡门仇山村万家头）开始有铁路穿过，它是老宣杭铁路的前身"杭牛铁路"，火车由杭州直达浙江北部山区，运输山区出产的煤炭、毛竹、木材、粮食等工业品和农业品。后铁路历经三次续建，2005 年改称"老宣杭铁路"。洪桐村是当年永建乡的乡政府所在地，七八十年代曾有翻砂厂、弹簧厂等几家社办企业和百货店、供销社、电影院，还有个火车临时停靠点"洪桐庙站"，主要供养路工区内部工作用，溪塔、洪桐、下陡门村沿线护路，但洪桐村的宣传委员黄建坤记得在小站坐火车去湖州上大学。2020 年 12 月，老宣杭铁路杭州段正式停用。

相较于铁路，公路修到永建要晚得多，1985 年初才建了从余杭县治西门到洪桐村的唯一一条能开拖拉机的乡道——"余永公路"，这条路 10 年后才延至下陡门村，其他都是人径小道。而连接溪塔村、永安村、下陡门村的另一条乡道"永溪线"2022 年开始修建，对外连接 235 国道，是农产品和游客通往"禹上稻乡"的主要道路之一，同时也是"跨苕溪通道"项目的一部分，道路南端将以隧道暗埋型式下穿南苕溪，提升苕溪两岸的通达能力。

村民的自建房，21 世纪初还有住草屋的，现在已绝迹。那些 20 世纪七八十年代的"田"字型两层两间旧砖房、用石块充当墙体的破旧平房偶有矗立，但早已无人居住。更早的上百年的木式老建筑现在也已经消失殆尽，只有永安村的沈家村组、吴家畈组里的沈荣品民居等两座木屋还保留着雕花木柱、花格窗、木楼梯等清末民初的建筑元素。

20 世纪 90 年代，村民们开始建造楼房，有预制板结构，也有钢筋混凝土结构加琉璃瓦。2000 年起，有先发家的村民开始拆掉老屋，建起花园式别墅，于是八村的村民们纷纷效仿，不少人家都是从上百年的老木屋搬出来直接过上别墅生活，生活方式跨度可谓巨大。不过，此地盖房西边不能高过东边，西边房子不能比东边房子超前的"老理儿"却一点没变。

在浙江的上八府，宁波、绍兴、台州、温州、处州（丽水）、金华、严州（建德），家族祠堂和族谱普遍存在，传统的过节礼节仍然保留。然而，在下三府，尤其是杭嘉湖地区，却是一个"没谱的地方"，祠堂和族谱罕见，节日氛围也相对淡薄。这种现象与太平天国时期的战乱以及移民对当地社会的重塑密切相关，苕溪北八村的情况正是这一历史变迁的缩影。

村里的信仰方面较为朴素，过去曾有一些庙宇，但在文革期间被全部毁坏。如今，部分老庙得到了恢复，比如溪塔村的龙光庙、仙宅村的万石庙。八村其他的香火点都是最近这些年生活条件好了村民们集资新修的，小庙里各路神仙齐聚，香烟缭绕，叩拜虔诚。小庙规模都不大，但对年长的村民来说，是一种重要的心理寄托。他们常常去庙里倾诉生活中的烦恼，比如儿媳不孝顺、儿子不听话等，拜完菩萨后心情往往会有所舒缓。永安村和义桥村各有一座规模不小的基督堂，也是近一二十年修建的，每到主日，颂赞之声便会传到很远。

而南苕溪的东岸，冲天陆门村的老教师王维强记得，解放前，他们那里的吴山庙每年都举办庙会，有高跷、龙灯、戏台等，特别热闹。其中还有种特殊仪式，虔诚者全身被毛竹片包裹，通过铜钉固定在皮肤和头皮上，据说虔诚者并不感到疼痛，另外两人用带钩的铜制蜡烛台辅助这名虔诚者行路，虔诚者边走边诵祷词，意思是以身献祭，展现对神灵的至高敬意。也有简化的版本，虔诚者仅手臂挂蜡烛台，身体其他部分不裹竹片或钉刺，也需要通过行走与诵经表达虔诚。庙会结束后，众人敲锣打鼓，热闹非凡地返回吴山庙。解放后，这一传统虽已消失，但其独特气氛与场景仍令人难忘。

庄稼生长需要时间，在此期间，八村的村民们会承包土地种植短

深描

周期作物或承包鱼塘养殖水产品来补贴家用，单靠庄稼过活那不现实。

"干塘"捕鱼是永安村冬季里较热闹的事，塘主先进行抽水、然后清挖鱼塘淤泥，随着塘水渐干，大大小小的鱼挤在一起，蹦蹦跳跳，十分有趣。干塘时，村民还会不约而同地来"蹭塘"，实际就是过来掏点野鱼，不会空手而归，运气好的能掏到野生甲鱼、黑鱼。小孩们最喜欢玩，经常穿着棉衣裤深陷泥里，最后喊来大人拔萝卜一样把他们拔起来。干塘时塘主们除留下第二年的种鱼、卖给市场的鱼后，剩下的鱼会赠送亲朋好友或是邀在一起摆上几桌。

"桑树蔽野，户户皆蚕"，植桑养蚕是八村的传统农事，以竹园村的丁桥、下陡门村的仇山最为集中。上湖西的老教师金志梅说，历史上，上湖村卖蚕种有两个人比较出名，清末"杨毕案"中的杨乃武，他出狱后培育的"凤参牡丹"牌号的蚕种远近闻名，他的墓地就在上湖村。另一个是民国时期的吴福清，他培育的山种食叶粗猛、兼耐燥湿、缫丝量多，吸引桐乡的客商每年专门来上湖西采购，他因而致富。茅盾作品里提到的"余杭种"即是指此。

不过，1980 年后，因为茧价低迷、农田的化肥农药、工业污染和农村多种经营门路增加等多种原因，永建的农户基本不再养蚕。

娘娘山一带的里山坞（在今竹园村）、仙宅一带盛产茶叶。传说，唐代茶圣陆羽曾栖居今仙宅村的苎山畈。旧时，南苕溪对岸的老余杭有季节性茶叶市场，新茶上市之际，茶农、茶商往来如织。如今，红茶、绿茶仍是舟枕一带竹园村、仙宅村的主要产业之一。

"层累智慧"的创造性转化

20 世纪 80 年代余杭镇的经济以工业（包括手工业）、商业为主，农业在镇内经济中所占比重很小。1991、1992 年石鸽乡、舟枕乡、永建乡先后并入，（大）余杭镇内方有了粮食、蚕桑、水产品、茶叶、林产品等农业产业。

谈到人们对传统农业的印象，农耕有生态、绿色、生机盎然、时光田园的一面。同时农活又给人有牛耕马驮、肩挑背扛以及傻、小、笨、粗、散、脏的一面。

在永安村村两委会班子的记忆里，2000 年前，永建一带的农业生产都是传统模式，基本农田被切割得七零八落，到处是一小块一小块的村民自留地。农户以种杂交稻为主，耕作靠手扶拖拉机，插秧是手工操作，一户仅种一两亩，依赖化学肥料，追求高产。后来，经过土地整治和结构调整，才慢慢向现代农业转型，整个生产方式都变得不一样起来。

2003 年 6 月，浙江正式启动了"千万工程"，这一时期杭州市将土地整治作为实施"百村示范、千村整治"工程的重要环节，希望实现土地整治从补充耕地到整治村庄的延伸。也是在这年初，永安村、溪塔村、下陡村、洪桐村和仙宅村（部分）等地对总共 2 万亩土地进行了整治，核心是通过新增耕地面积来争取国家补贴。

整治前的永安村土地景象与眼下截然不同——祖祖辈辈留下来的杂乱无章的水塘、荒草丛生的杂树林，一片片的荒地，田里坟头林立，土地难以集中利用。每到雨天，田地就会被积水淹没，至少 5 到 7 天才能排干，严重制约农作物的产量。

当时的项目负责人周勤记得，"那时候项目投入有限，每亩地整治费用 800 元，包括了'三面光'沟渠建设、道路修整和土地平整等所有开支，现在这样的项目投入已涨到每亩 2 万元以上，条件远胜当年。土地整治刚开始时村民的意见特别多，我们就逐步解决、努力收尾，今天可能有 100 个人提意见，明天就变成 90 个了，最终 5 个村用时 7 个月成功新增了近 4000 亩耕地"。

　　　　　　　　　　　　　　　　　　　　　　　　深描

艰苦改造后的效果非常显著：原来 3 米宽的进村泥路富有前瞻性地变成了 12 米宽的南北主干道；土地变成了"格子田"，整齐划一，修了田间道路、田间输配电设施，农民种田更舒服；沟渠纵横，灌溉和排涝系统也得到大大改善，即便遇到大雨，农田积水也能在 2 天内排干。田里 7000 多座坟墓被迁出，最终安置在各村选址的集中小公墓点位。而农忙也没有被整治施工耽误，所有的农田顺利种上了作物。

村民们逐渐意识到，这样的改造确实为农田带来了实实在在的改善。土地整治不仅改变了农田的物理环境，也重新定义了人与土地的关系，从依赖自然到科学管理，从杂乱无章到井然有序。

1992 年至 2011 年是中国城镇化全面快速发展阶段，但永安村是非常滞洪区又是基本农田保护区，还是"没资金""没用地""没风景"的落后村，30 个村民小组，97% 的土地属于永久基本农田，无法投入大规模商业或工业用途，决定了永安村的初始发展要素只能是农田，耕地是万万不能动的。改变永安村的穷困局面，还是要在粮食上做文章。

眼看着别的地方搞开发、办工厂，而种粮的收入越来越低，部分村民选择走出村子，外出谋生，自己的耕地便抛荒长草了；留下的村民把农田变为蔬菜自留地、种桑树喂蚕的农地、鱼塘；更有甚者把塘渣回填做成堆场，硬化土地改变种植用途。因为以前的政策是鼓励农民放开手脚想办法增收致富，村民们没有永久基本农田的概念，有的村民干脆直截了当地说，我的地，你凭什么管？

2015 年，余杭区在永安村进行"田长制"试点，市区两级人大代表、永安村党委书记张水宝成为全国"田长制"第一人。作为一项全新的制度设计，没有前例可循，只能自己摸索。经过深入思考，张水宝组建了永安村的"田长"团，他任 8342 亩永安村农田的总田长，手底下有 3 名网格长兼巡查员、30 位村民小组组长任微田长兼信息员，把网格化管理引入田长制，将保护耕地的责任落实到田间地头"最后一米"。

同时，余杭区也将"田长制"挂钩"耕地补偿"，由于"田长"责任落实不到位、导致破坏基本农田行为发生的，视情况对村级集体经济组织扣减相应比例的年度耕地保护补偿资金直至全部扣减。

"田长制"给了永安村机会，"田长"团把村里稀稀落落的简易房、堆场、树林、池塘一扫而空，原本东一块西一块的土地逐渐连成片，甚至呈现出了华北平原的即视感，为发展规模化、集约化种植奠定了基础。

2016年7月，全国永久基本农田划定工作现场交流会在永安村召开。作为"田长制"的先行村，张水宝在会上分享了相关经验，会后吸引了全国国土系统的人员前来学习，永安村成为行业内的一个亮点。同年，余杭区正式在全区层面建立起"镇（街）总田长＋村级田长＋网格田长"的工作格局。

2018年，永安村开启土地集中流转，将村民的土地统一流转至村集体，再由村集体按照高标准农田标准建设后发包给专业大户，按照标准规模种植，粮食生产全部机械化。通过统一品种、统一技术、统一管理、统一包装、统一销售的集中经营，大幅增加了土地产出收益。村民每亩土地租金由流转前点状租赁收益的800多元提高至集中流转后的1400多元。

土地的价值高了，现在村民都很欢迎土地治理，因为多整理出一些土地，收入就能增加不少。不过随着"田长制"不断深入，"田长"的内涵并不仅限于耕地的保护，而是逐步向着土地的"策划人""管理人"过渡，在解决耕地细碎化问题、推动土地节约高效利用、强化高标准农田管护等方面，"田长制"还将会发挥更大的作用。

2017年，时任余杭区区长的陈如根开始联系永安村，虽然永安村在土地管理方面已小有名气，但仍旧是余杭区最贫困的村之一，当年村集体经济收入仅 28.5 万元。2018 年 5 月，陈如根到永安村蹲点调研三个月，走访村民家庭，召开座谈会，听取党员、退休老干部和村干部等多方意见。

调研后，陈如根明确了三大发展方向：一是依靠科技推进水稻项目，二是选用优质种子，三是实现集约化、规模化生产。他还召集余杭街道和余杭区农业农村局领导会议，决定在城北 8 个村重点发展水稻产业项目，以永安村为试点。这一系列举措为永安村的脱贫和经济发展奠定了重要基础。

为了把水稻产业这条路走出来，把永安的大米品牌做起来，2019 年 5 月，永安村股份经济合作社成立了全资子公司——"杭州稻香小镇农业科技有限公司"，与浙江大学农业与生物技术学院合作，引进"浙禾香 2 号"品种，大米的售价由原来的每斤 2 元卖到最高 13 元，带动亩均收入由 2000 元提高至 6000 元。

稻田认养模式是逼出来的创新之举。起初，大米的销售并不顺利。村里找了一家运营公司，一年支付 30 万元，却一粒米也没卖出去，于是张水宝调整思路，利用周边工业企业资源，尤其是未来科技城的企业，借力街道商会发动资源来推动认养模式的落地。通过种植优质大米并提供给认养企业，这一模式的主要目的并非营利，而是为了提升永安村的知名度，把稻米产业做起来。

企业认养稻田模式落地一个月，当年 11 月 8 日永安村成功举办了首届"开镰节"，不同于鲜花与果实，金黄饱满的谷穗给人带来的是另一种沉甸甸的满足感。活动持续了一个月。开幕仪式上，"永安稻香小镇"正式公布了 31 家参与认养的企事业单位名单。第一年，这一模式就实现了 248 万元的营收。

如果说传统的中国乡村是农民生产、生活的场域，承担着农产品供给的任务，那么，乡村的现代化转型则更需要创新思维、市场洞察和技术应用。

"小镇"大了，谁来经营管理？2020年，余杭区农业农村局通过面向社会的公开招聘，聘请安徽人刘松来永安村担任"农村职业经理人"（俗称乡村CEO）。有着做项目经验的刘松很快拿出了永安稻香小镇3—5年的发展规划，继续坚定发展高品质水稻种植，同时试水农文旅融合。

"稻香小镇"为认养企业订单稻米的品种、种植标准和范围制定了明确指标，提供种子并指导村里的种粮大户按计划种植，确保了从源头控制品质。收获后，稻谷按计划收购，交由第三方加工，形成了一条简洁的供应链。

在"禹上稻乡"品牌的打造上，"稻香小镇"不仅推出高端大米，还延伸产品线，开发米酒、米类饮料和米制零食，通过市场化销售提升附加值；数字化方面，通过线上平台直播销售，同时实现生产全程数字化管理。村内文化礼堂的科技大屏实时展示水稻生长、农田气象和土壤数据，稻田监控数据还可通过"农安码"传送到消费端，增强了产品透明度。

"乡村CEO"应该说是中国城乡关系进入重视乡村时代后，试图填补乡村现代知识和管理"洼地"的一个实践探索。作为余杭区最早一批成功引进"乡村CEO"的农业村，从卖米，到卖体验、卖经验、卖教育，2024年，"禹上稻乡"营业额超过了2000万元。

2025年5月8日，"农村集体经济经理人"已正式作为人力资源和社会保障部与农业农村部联合颁布的新职业。永安村也因此成为中国乡村CEO的策源地和"浙江千名乡村CEO培养计划""广东省千名农村职业经理人培育计划"的培训地。

如今，乡村运营已经成为乡村振兴的新课题、高频词和新出路。在与永安村发展渊源深厚的农业品牌传播专家蒋文龙看来，接下来组团发展是乡村经营的必然产物，它需要品牌引领的综合性规划、利益紧密联结的市场化经营主体、共同的精神文化信仰以及三产融合的产业结构、数字化运营平台、共同富裕的机制。

如何实现茗溪北八村在产业、资源、空间、人才和机制等各方面深度联动，以永安村为龙头带动周边七村共同富裕，是余杭街道"禹上稻乡"品牌的重要课程。2024 年八村组团正式成立杭州禹上稻乡经营管理有限公司，形成资产统一、运营统一的"禹上稻乡"共富模式，希望探索出一条乡村振兴共富新途径。

余杭街道落地在永安村，包含了"稻香综合体""大米加工中心""乡村振兴培训中心"三大配套设施的"禹上共富体项目"工程也已完工，"禹上稻乡"品牌实现了水稻全产业链提档升级。预计 2025 年 6 月投入使用后，8 个农业村的集体经营性收入总量将从 1360 万元增长至 3100 万元。

回看永安村近 10 年的发展，路径清晰可辨——耕地是产业发展最大的基础。没有高质量的耕地，就不可能有优质水稻，永安村也孵化不出主导产业和特色产业。耕地的保护与利用，既是永安村过去成功的核心，也是面向未来的关键。站在新的起点，永安村正通过现代农业产业的更新，探索一条经济振兴与文化生态和谐并重的发展之路。

长久以来，稻作对生态环境构成不断的挑战，由于缺乏科学的种植管理知识，农民为追求产量，过度使用化肥、农药，导致土壤肥力下降、环境污染等问题层出不穷，农产品质量也难以得到保障。村民最直观的发现就是农田里青蛙失声，也抓不到黄鳝和泥鳅。

2023 年开始，永安村通过对种粮大户进行化肥、农药双减培训和水稻绿色低碳生产示范田现场测产与评议，来反复验证复合微生物菌剂在保持与提升产量、改善土壤生态、减少化肥用量和降低成本方面的效果。永安村还有一片 200 多亩的水稻试验田，专门用于优质品种筛选和绿色投入品试验。

伴随着 2025 年 5 月《禹上稻乡绿色化水稻生产区域范围与产地条件建设技术通则》《禹上稻乡绿色食品水稻种植技术应用控制规程》两大核心标准的正式出台，八村将通过建立企业标准，来逐步推进从绿色化水稻生产到绿色食品生产的闭环管理。

绿色化指的就是绿色、低碳、生态。如何使绿色化生产有据可依、有章可循？《通则》针对绿色化水稻产地的规划建设提出要求，这些区域的建设要符合高标准农田的要求，不能随意安排功能区；《准则》则是技术标准，规定了绿色稻米生产的技术流程和方法，比如在永安村 5259 亩核心区先行先试，未来将辐射周边 7 个村。

在农业专家团队和张水宝团队的共同谋划里，计划到 2028 年，禹上稻乡经营管理公司将构建一个包含 20 多个标准的企业标准体系，涵盖三大类：产地条件标准（如产地规划、功能区划分）、生产技术标准（包括绿色食品稻米生产流程与技术规范）以及质量管控与追溯标准（确保产品质量与可追溯性）。

全国稻米质监专家金连登眼中的"禹上稻乡"正在通过企业化运作，形成自主发展的产业体系，其经营管理和生产板块都是本地化运营，不依赖招商引资的农业龙头企业，而是基于本土资源和需求，与村民利益直接挂钩。这种内生性发展模式更具生命力，更符合乡村振兴目标，体现了本地产业自我发展的优势，将成为乡村振兴的成功案例。

文化再生产与现代乡村生活方式新实践

永安村的农业产业不仅仅是经济发展的引擎，更是区域文化生态的纽带。在永安村发展的完整构思里，乡土记忆如果能与现代稻作紧密相连,农业产业如果能与文化艺术深度融合,农田水利工程如果能助力生物多样性保护,形成一种鲜活的文化生态,那么,这种生态不仅体现在物质层面,更会扎根于村民的生活与精神世界。

2021 年,原余杭区被撤销,设立新的余杭区和临平区。从地理位置上看,北湖恰好就处在了新余杭区的正中心。

永安村的最北端,下木桥组与北湖草荡紧密相连。这片湿地不同于西溪湿地的人工开发,保留了原生态的风貌,近 2 万亩的沼泽、河流、池塘等多样湿地生境交织,外围的山林生境和部分人工湿地环境更添层次。北湖草荡不仅是候鸟迁徙的重要廊道,更是珍稀鸟类的天然庇护所。寒冬中,候鸟觅食艰难,而下木桥组种的 700 亩稻田就成了它们越冬的"食堂",为鸟类提供温暖与滋养。

东苕溪及其支流北苕溪、中苕溪之间的三角地带是北湖草荡,自唐代县令归珧率民众将未经驯服的这片荒野开挖成滞洪区以来,距今已有千年历史。近些年,有瓶窑镇张堰村的村民在北湖草荡取沙,发现过几件良渚时期的玉璧、石器等古物。北湖幅员辽阔,周六十里,曾 3 倍于南湖,但年久失治、淤成平陆,客民筑坝占垦,庐舍桑麻,变成村落,围垦、开发的情况一直延续到 20 世纪 90 年代初。历史上大规模的围湖造田是导致湿地面积减小的最直接、最主要的原因。

2008 年起,北湖草荡因为洪水积淤、外来植物入侵、土壤旱化等问题,逐渐出现水域面积萎缩、水生动植物减少造成的鸟类栖息地范围缩小和鸟类种群减少、水生生境退化等现象。

一直以来,水利工程的核心任务是防洪、泄洪和调节水位,湿地与生物多样性保护并未被纳入考量范围。然而,随着 2022 年《湿地保护法》的实施,生态保护逐渐成为重点,尤其是鸟类栖息地的营造受到高度重视。

起初,地方水利部门对在北湖滞洪区开挖土方增加水面的提议存疑，认为滞洪区需要保持干燥，增加水面会影响蓄洪量和防洪功能。但随着深入的沟通与探讨，他们最终认识到北湖湿地生态修复的重要性。这一转变标志着林业水利部门的管理思路从单一防洪向综合考量的转变，成功平衡了生态保护与水利功能的需求，实现了湿地修复与水利工程的协同发展。

北湖草荡是生态修复再野化的例证，尽管现代化的步伐不可阻挡，但自然依旧能以自己的节奏恢复荒野的生命力。北湖因刷新到鸟类315种，如今已成为杭州地区鸟类种类最多的湿地，是名副其实的"野鸟天堂，观鸟福地"，余杭北湖观鸟大赛已举办三届，观鸟队来自五湖四海。2023年11月30日，国家林业和草原局公布《陆生野生动物重要栖息地名录（第一批）》，浙江杭州余杭北湖湿地候鸟重要栖息地入选。

乡村振兴不仅是物质改造，其根本在于村落文化的传承与发展，文化的边界并不等同于地理或行政的边界，它是一种更为持久、更为深层的存在。即便村庄的经济与行政边界消逝，其文化边界仍可独立存在，甚至因其独特性而愈发鲜明，成为村民精神归属的标志。经济的繁荣与基础设施的完善固然重要，但若失去了文化的灵魂，村庄便只是一个空洞的地理概念。

永安村的南端入口，一处闲置的酒坊被改造成了一所实验性展览空间——苕北美术馆。以永安村稻米为原型素材，艺术家创作了"畿粒米"雕塑（出自《诗·邶风·谷风》，指大片田野），以及古代量米的容器米斗装置作品。苕北美术馆成为坐落于浙江南方稻米乡村间的一块艺术地标。

苕北美术馆的建立可视为永安村文化再生产的重要实践。通过将苕溪文化、稻米文化这一核心传统元素与现代艺术结合，村庄不仅保留了自己的文化根脉，还将其转化为具有现代意义的文化资本。定期举办的艺术展览与活动不仅丰富了村民的文化生活，也吸引了城市居民参与，形成了一种独特的文化互动场域。

开馆展的主题之一是"去野化"与"再野化"。"去野化"是指人类活动对自然环境的改造，稻田、堤塘、别墅等现代元素替代了原本的荒地和草荡，是工业化和城市化占领了自然空间。而"再野化"则是自然力量的复苏，生态系统逐渐恢复生机。两者之间千年来的矛盾与拉扯体现了自然与人类活动的深刻互动，反映了生态与社会变迁的无常性。

美的真谛既是无常，也是对抗时间流逝的"一刹那"的力量。

一年多来，艺术家陈杰在地进行创作思考的过程中，希望通过经典摄影、动态影像、数字艺术、装置、声音等跨界艺术形式去表现这两种状态的交替变化——鸟类、牲畜的传统移动，土地的使用方式与人类社会的权力演变，以及人类在其中的双重角色，所有这些构成了土地的节奏。这个节奏既是自然复原的动力，也是人类文化和生态价值交织升华的动力。这些艺术表现不仅关注生物多样性和环境保护，还融入地方社区的文化、精神与社会经济价值。

当村庄的轮廓在中国现代化浪潮中逐渐模糊时，其物质形态的消散反而释放出更强大的精神势能——祖辈的生存只会转化为基因里的文化记忆。每个或消失或继续的村庄都是人类存在方式的实验室，"在消失中返场"（苕北美术馆展览主题之一），在进步叙事与存在根基之间，如何守护本真性的火种。正如同法兰西的乡村主义没有因为现代化、城市化而失去，它继续呵护漂泊在城里的人心。

对永安村"原乡人、归乡人、新乡人"来说，苕北美术馆是个培养各类精神的地方。它提取了苕溪北八村土地的个性以及产业的力量，将展厅、书店、沙龙、艺术家驻地工作室等以组合的方式，共同创作独特的跨界艺术场景，这些场景赋予了城乡融合的生产和生活以创新的意义、体验和情感共鸣。

中国农村发展的不平衡性和异质性，决定了每个村庄都有其不同的发展道路和未来命运，呈现出异彩纷呈的特质。但可以预见所有村庄绝不会回到过去的蒙昧闭塞，却依旧会实现人为与自然完美融合，在信息化时代与村落城市结合大潮的两种因素影响之下，最终实现文明与自然的高度融合。如今的永安村也正由传统乡村成为一个凝聚多样化人群、体验新生活、探索新思想的温暖社区。

永安村的生活方式的现代转型首先体现在空间布局的重构上。村庄基础设施的完善与生活节奏的舒缓形成鲜明对比。城市公交系统的引入不仅解决了村民与旅人的出行问题，也将乡村与城市的生活空间紧密连接。现代化的农民乡村别墅的建造不仅改善了居住条件，还在建筑形式上体现了乡村与城市的融合，有些还被游客认为很当代。这种空间改造不仅是物质层面的升级，更是对乡村身份认同的重新塑造。

首先，从人类学的角度来看，这种空间重构打破了传统乡村与城市之间的二元对立，创造了一种"中间状态"的生活空间。村民在这种空间中既保留了乡村的质朴性，又享受了现代生活的便利性。这种多元化的空间实践为乡村现代化提供了一种新的路径。

其次，永安村通过强村公司引领下的产业升级，实现了传统农业与现代农业产业的结合。"稻香综合体""大米加工中心""乡村振兴培训中心"的建设，吸引了高端涉农企业入驻，进一步提升了村庄的经济实力。

再者，"苕北美术馆"文化艺术的引入不仅提升了村庄的品质与吸引力，还为村民提供了新的文化认同与精神满足。在这一过程中，传统乡村文化不再是静态的"遗产"，而是通过与现代性对话，实现了动态的再生产与创新。

不久的将来，八村"35000亩良田的认养计划"就是这种产业升级和文化再生产的集中体现。"通过吸引杭州市民参与农村生活，每户认养三分地，家里一年的大米、蔬菜、水果都不用去市场买了。我们的产品没有防腐剂，两个小时就能送到家。"村庄不仅实现了土地资源的有效利用，还通过现代农业产业与文化创意产业的结合，将进一步提升"禹上稻乡"自身的品牌价值。

永安村的实践提供了城乡融合的新的可行路径：通过保留乡村的田园风光与人文环境，同时引入现代生活方式与文化创新，实现乡村的具足性与吸引力的双重提升。这种模式不仅为村民提供了高质量的生活选择，也为城市居民提供了回归自然与传统的可能性，形成了一种新型的城乡共生关系。

面向未来，以永安村为核心的苕溪北八村正在构建一种人与自然、人与产业、人与文化和谐共生的乡村文化生态模式。这种模式既是对传统智慧的传承，也是对未来发展的创新探索。在这一过程中，耕地依然是最宝贵的资源，但它的价值已超越了经济收益，成为连接生态、文化与发展的核心纽带。

在张水宝的愿景里，未来，苕溪北八村这个独特的地理单元将会成为一个综合性社区，"村民的吃、住、行、康养都能就地解决，不需要依赖城市。我们希望在农村生成一种城市化的生活模式，但保留农村的田园风光和人文环境"。

未来的村落是文明与自然的高度融合。未来的农村会与城市相结合，从而诞生新的文明。正如埃比尼泽·霍华德在其《明日的田园城市》一书中所述："城市和乡村必须成婚，这种愉快的结合将迸发出新的希望、新的生活、新的文明。"换言之，未来的农村会与过去一般，遵从着"四季轮换，闲时农忙"的交替，与周遭自然融为一体。这种从循环时间—线性时间—循环时间的过程，或者能为建构更包容的时间伦理提供启示——让时间既是进步的轨道，也是回归的圆环。

2024 年 11 月 10 日，永安村，
村民在稻田里扶起倒伏的水稻，
以便于收割机收割。

2024 年 5 月 27 日，下陡门村，整齐放置在农田里的育苗盘。

2024 年 5 月 27 日，下陡门村，育苗盘里长出翠绿的稻秧。

2024 年 5 月 28 日，永安村，水稻插秧机在农田里作业。

2025 年 6 月 1 日，永安村，村民在雨中清理漂浮在田里的麦秸秆，为下一步水稻插秧机作业做准备。

2024 年 5 月 3 日，永安村，种粮大户郑潇潇准备使用大型植保无人机进行田间作业。

2024 年 2 月 20 日，永安村，开春，麦苗上的露珠。

2024 年 11 月 5 日，永安村，金黄的稻穗。

2024 年 5 月 17 日，从下陡门泵闸站上空俯瞰下陡门村、永安村、溪塔村的大片麦田。

2024 年 5 月 16 日，下陡门村收割后的麦田里，正在进行翻土作业。

2025 年 2 月 24 日，下陡门村，98 岁的
肖凤兴，虽然生活不愁，但是至今还习惯
走街串巷磨剪子戗菜刀。

2025 年 2 月 24 日，下陡门村，98 岁的肖凤兴靠在自己的厨房兼农具房边晒太阳。他至今不需要儿孙照料，自己做饭，自己种菜，甚至自己上山打柴，还能自己到余杭街道的银行办事。

2025年2月20日，80岁的吴桂花，手持着已经磨损了三分之一的永安村早年常用的独特生产工具永久锹。

2024 年 4 月 20 日，种粮大户沈耀祥在下陡门村承包的鱼塘里放水干塘抓鱼。

2024 年 4 月 20 日，下陡门村的一处承包
鱼塘放水干塘，村民在塘中捕鱼。

2024 年 4 月 20 日，下陆门村的一处承包鱼塘放水干塘，几位干练的村民在塘中用网兜捕鱼。

2024 年 6 月 21 日，位于仙宅村苎山畈与施子池畈交界处建于清代的苎山桥。

2025 年 2 月 14 日，位于洪桐村的青龙桥，修建年代为民国。

2025 年 2 月 18 日，位于下陡门村的仇山磁土矿矿洞遗迹。

2024 年 7 月 3 日，北湖草荡，至今仍有村民在此捕鱼。

2024 年 11 月 26 日，北湖草荡内至今完好
的农业生产道路。如今，整个北湖草荡成
为杭州余杭区重要的原生态湿地。

2024 年 7 月 3 日，从苕溪北塘俯瞰北湖草荡。

2024 年 3 月 18 日，永安村，苕溪北塘上的一群家鹅。

2024 年 4 月 14 日，下陡门村中苕溪岸边，一头小牛和一只牛背鹭对视。

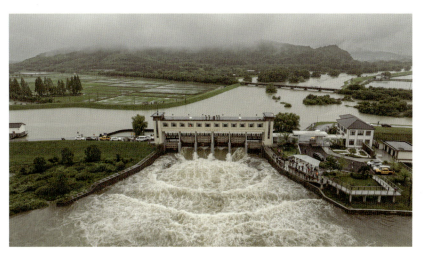

2024 年 6 月 27 日，为减轻东苕溪流域防洪压力，北湖分洪闸开闸分洪。

2024 年 6 月 28 日，北湖分洪闸开闸分洪后，北湖注入了相当于一个西湖的水量。

对话

张水宝：
从传统稻作到现代农业的永安实践

对话人物

张水宝，1966年生于浙江省杭州市余杭区永安村。早年参军，退伍后从事保险行业十年。2002年起担任永安村党委书记至今，带领永安村实现从贫困村到国家级农业示范区的蜕变。本文通过对张水宝的深度访谈，系统梳理了他带领永安村从贫困村迈向现代农业示范区的全过程。文章围绕张水宝的个人经历、治理策略、产业创新及文化赋能等维度展开，全面展现了中国乡村振兴的基层实践和智慧。

乡村记忆、军旅生涯与保险业务

问：张书记您好！请谈谈您记忆中最早的永安村生活是怎样的。

张水宝（以下简称"张"）：我是 1966 年出生的，上世纪 70 年代的事记得特别清楚。那时候生活苦啊，家家户户三四个孩子很正常，我家里两个姐姐和一个妹妹加我，人均就一亩八分地。冬天穿的是娘做的布鞋，一年到头就这么一双。衣服都是老大穿完给老二，老二穿完给老三，补丁打了一层又一层。

过年最热闹，有条件的人家宰头猪，够吃一年的；条件差点的只留半头，剩下半头要卖了换钱。生产队抓鱼最讲究，30 户人家分成 30 份，抽到哪份算哪份。吃肉都挑肥的，那时候缺油水。50 多岁的人看着就像现在 70 岁的人，60 多岁在村里就算是高寿了。

问：能说说您家里过年时候的情形吗？

张：过年是穷日子里的盼头。腊月里就数着日子过，年三十下午要烧水洗脚，换上新袜子。黄酒三毛三一斤，来客人了要去邻居家借五块钱，能买两斤酒加条带鱼，剩下还能买点别的。我们这地方都是外乡人，没祠堂也没舞龙灯。我爷爷那辈从绍兴逃荒来的，听老人说这里原先是大沼泽。

问：当时村里的居住和生活环境怎么样？

张：那时候没有楼房，都是泥巴糊的墙、稻草盖的顶。黄梅天地上湿漉漉的，走路直打滑。日本兵没烧掉的几间老木头房子就算是好的了。那时东苕溪河道宽，水深有两米多，运粮食的船能并排走。田里青蛙、黄鳝到处都是，一抓一大把。喝水直接从河里打，干净得很。

问：从集体生产到后来分田到户，农业生产方式有什么变化？

张：最早的时候全靠人力，打稻子是人抡着稻把往木斗上摔，后来有脚踩的打稻机，再到小电机。拖拉机特别少，还老陷进田里，我们都笑它是"铁公鸡下蛋"。1979年开始吃上饱饭。1984年分田到户后，种两季稻，"双抢"最要命，7月底收完早稻马上种晚稻。

后来田里用上化肥，没人挖河泥来给田下基肥了，河道也越来越窄。1984年后养蚕的也少了，打了农药蚕就死，桑树也都砍光了。以前全村一起挑河泥、修水利，现在想想老一辈的做法还挺有讲究。

问：您个人的成长经历可以讲讲吗？

张：我18岁前都住草屋，1981年才盖起两层砖房。砖四分钱一块，总共花了不到两千块钱。邻居们帮着做工，大家都很团结。

我7岁上学，学费五块，我家穷，给免了，只要两块五的书钱。16岁初中毕业，在余杭上了个把月高中，跟不上就回家了。开始做生意，卖冰棍、宰猪。还摆过地摊卖童装，最远跑到安徽宁国、广德卖货，不过赔了钱。后来就骑自行车去山里拉木料，一趟能赚二十来块。

问：您是哪年参军的？当初为什么决定入伍？

张：我是1986年去当兵的，那时候20多岁。其实之前连续三年我体检都达到了标准。头两年因为家里就我一个儿子，村里征兵的指标够了，就没让我去。到了第三年村里兵源紧张，非要我去不可。我自己也想，家里实在太穷了，种田太苦，还不如去部队锻炼锻炼。那时我父亲有糖尿病，姐姐在家里种地。我跟姐姐商量，地少种一点，够吃就行，就这样去当兵了。

问：说说您在部队的经历。

张：当兵几年对我帮助很大。我一开始被分到吴淞口的海军训练团，后来又调到宁波穿山港的潜艇支队。我主要负责后勤工作，因为比较会办事，领导让我当了司务长管伙食。我们潜艇兵的伙食标准比一般部队高，我精打细算每个月还能给战友们分些结余的钱，最后退伍时攒了6000块钱带回来。那时候指导员劝我留在部队，说要调我去萧山的弹药库，离家近。但我考虑到父亲身体不好需要照顾，还是决定退伍回家。

问：退伍后您去了哪里工作？

张：1991 年退伍后，我有两个选择：一个是保险公司，实习期工资才 60 块一个月；另一个是石油协作办，工资高很多。但我最后还是选了保险公司，在那里干了整整 10 年。主要是做定损工作，和领导同事相处得都不错。我还拒绝过另一家保险的高薪邀请，我觉得做人要有始有终。那时候，华立集团的汪立成曾经劝我去慈溪办厂，但我自己不擅长经营，家里也没人能帮上忙，就算了。后来听说确实有人做这个发了财，但我觉得知足常乐吧，钱够用就好，太多反而是负担。

问：后来为什么离开保险公司？

张：到 1997 年时，保险行业竞争已经非常激烈了。临时工制度下很多人为了提成什么手段都用，半夜去产妇家推销，在医院产检时陪着就为了卖保险，把整个行业的名声都搞坏了。我当时想走，领导让我再留两年帮新人熟悉工作。就这样坚持到 2000 年才离开。后来我自己开了个小厂，生产陶土和活性土。陶土就是白色的翻砂土，活性土是专门用来过滤航空煤油的。和南京金陵化工、镇海石化这些大厂都有合作。后来考虑环保就停工了。现在想起来，在部队和保险公司的经历，最重要的是教会了我做人做事的道理。

走马上任，重塑涣散的永安村

问：2002 年您是如何被推选为永安村书记的？当时村里是什么情况？

张：这事说来话长。2002 年余杭镇书记来找我时，说实话我一百个不愿意。永安村那时候党组织都快瘫痪了，党员平均年龄 60 多岁，思想落后，固化得很。村里没项目、没发展，百姓意见大得很。我那时候觉得农村管理太难了，特别是种植技术我完全不懂。选举那天我故意出差躲着没去。

分管组织的副书记亲自找上门，说："已经选好了，你要是不去，我没法交差。"他说我是永安村人，该为村里做贡献。5 月 31 号那天，他亲自把我送到村里上任。

那时村里的条件差得没法想象。村委会的办公室墙壁掉皮、窗户漏风，冬天像冰窖，夏天像蒸笼。厕所还是木头粪桶。我在保险公司和供电所的朋友看不过去，说要凑 30 万帮我整修办公室。我心想这虽然是私人捐赠，但到底是为公家办事，就去请示镇书记。镇书记说："现在修办公室不合适，等过几年村里发展了，你盖栋楼都没人说闲话。"我就听了他的，只花几千块简单改造了卫生间，分了男女厕所。

问：刚开始接手村里工作，肯定有不少困难吧?

张：是啊。首先遇到的一个难题就是迁坟，那真是个大工程。永安村以前祖坟都散落在农田里，尤其是种桑树的山包，坟头林立。2003 年小村合并前就规划这个项目了。我们选择了一块最合适的新墓地，离居住区也有一定的距离。可有人就是不理解，特别是有十几户人家，觉得公墓离他们太近。

有个村民特别反对，到处找人签名上书。我立即召集 16 个小组长开会，写了详细的说明材料让每家每户签字确认。后来下大雨把施工现场冲得乱七八糟，公安和镇里都派人来帮忙。我心想这事必须坚持到底，就是要让大家知道，村班子决定的事一定能办成。

问：党组织涣散的问题是怎么解决的?

张：哪有什么特殊方法，就是多开会、多听意见。老党员们年纪大了，传统观念重，你得尊重他们。我花了整整一年多时间，大小会议不断。慢慢地，他们开始认可我了。后来村里开会，我讲话时他们都鼓掌支持。外来的领导都惊讶，问到底用了什么办法。其实哪有什么办法，就是将心比心罢了。

问：村里窑厂的承包改革是个亮点，能详细说说吗？

张：窑厂以前年承包费才 12 万，太低了。我琢磨了大半年，决定公开招标。专门成立了领导小组，把固定资产都盘点清楚。为防止串标，我特意从桐乡找了几家不认识的老板来投标。最后拍出 72 万元，是原来的 6 倍！

原来的两个承包户当然不乐意，嚷着要继续承包。我明确告诉他们要按规矩来，但他们非要补偿。固定资产都快成废铁了，哪值什么钱？最后稍微折价补偿了点原材料。他们一开始不签字，我说可以请第三方来评估，结果没一周就乖乖来签字了。

问：窑厂职工安置问题很棘手吧？听说有很多超龄职工？

张：五六十个职工里，八九成超龄。按用工标准，女的 50 岁、男的 55 岁就不能干了，那可是重体力活。中标企业想自主招工，可这些人都是本村百姓，难办。

我们开了好几次会，最后决定按工龄补贴，一年补 50 元。15 年工龄的最多补 750 元。有几个刺头挑事，我们就找他们亲戚朋友做工作。实在不听的，只能请公安介入了。

问：拖拉机运输纠纷的事能说说吗？是怎么解决的？

张水宝：几个刺头夏天凌晨三四点就来拉砖，仗着强势插队。我们开了会定规矩，提前公布每天运输量，按顺序派活。结果还有两个不服管，硬闯窑厂大门。

厂里锁了门，他们凌晨五点给我打电话。我直接打 110。110 来人把他们带走，他们中午到村委会认错态度可好了。我故意晾他们到下午才放人，还收了 3000 块保证金，说半年内再犯就不退了。这招还真管用，之后都老老实实排队了。

对话

问：在国家级的田园整治项目中，您是如何协调各方利益的？

张： 这个项目从 2003 年 2 月到 7 月 20 号，牵涉多个村土地整合和沟渠路建设。我们定了个条款：施工期间农户承包经营权要暂时收归村里。有些村民想不通，觉得影响他们种菜收入。我们就反复解释这是为了长远发展，村民代表会也同意了这项条款。

慢慢地大家就接受了。其实搞这种大项目，最重要的是让老百姓明白好处。我们告诉村民这是国家级项目，建成后灌溉、交通都会改善，对子孙后代都有利。你光说大道理不行，要把实实在在的好处讲明白。

问：2003 年永安村、姚村村、下木桥村三个村合并成永安村时，听说遇到不小阻力？您是怎么做工作的？

张： 2003 年 9 月 30 日正式合并时，矛盾确实大。当时永安村一年集体收入 70 多万元，比其他两个村高得多。大家觉得刚过上好日子就要分钱给别村，心里不平衡。我在骨干会上说："70 万看起来多，但要办大事根本不够。合并后我们实力更强，能争取更多项目和资源。"

我还特别强调要一视同仁，不能总想着永安村优先。有退休老干部提出要先想着永安村，我当场就驳回了。我说："现在要看大局，哪边最需要项目就往哪边放。"只要把道理讲透，他们也就没话说了。

问：三个村合并后的财务管理能说说吗？这几年有什么变化？

张： 变化太大了。2025 年 1 月我们村支付款项就达 4000 多万元，财务天天加班。你可能想不到，以前一个乡镇一个月也就几百万支出。最关键是固定资产，两三年增加了两个亿。周边村就没这个速度了。

我跟大家说要有概念，这些资产虽然不能马上变现，但实实在在增加了村集体实力。现在我们做事底气足多了，比如搞基础设施建设，不需要像过去那样只能等上级拨款。

问：在项目规划中，您如何平衡机械化需求和传统农业生产？

张： 这方面当时担任余杭街道农办的周勤看得远，他说未来肯定是机械化时代。我们就整合零碎地块，把鱼塘、山地都改造成整片农田，统一修了灌溉渠和机耕路。他说得对，不这么搞，买了机器都开不进地里。

现在效果很明显。以前地块被鱼塘山包隔得七零八落，机器根本没法用。现在连片了，收割机、拖拉机直接开进去作业，效率提高好几倍。老百姓最初不理解，现在都说好。

问： 您特别重视制度建设，这方面有什么经验？

张： 我在保险公司干过十年，知道制度的重要性。来村里就定下规矩，村干部不准和工程队吃饭，村民代表会议全程公开。每周一、五开例会，控制在 20 分钟内，听工作汇报，解决问题。

特别是工程管理，施工期间严格禁止和承包方吃饭。工程结束后可以做朋友，但施工期间必须避嫌。这些制度看似不近人情，但保护了干部，也让老百姓放心。

问： 您如何做到既坚持原则又让群众信服？

张： 当干部最怕有私心。我这辈子没介绍过一个亲戚朋友在村里包工程。老百姓眼睛亮着呢，你稍有不公，他们嘴上不说心里清楚。

当然，村里都是鸡毛蒜皮的小事，但要一碗水端平。我这些年发脾气不超过十次，但该硬的时候必须硬。有村民老来办公室闹，我就直接说："我们是为全村服务，不是伺候你一个人。不满意可以找纪委。"当村干部，既要把制度立住，又要让群众感受到真心实意。说实话，只要把事情办公正了，老百姓自然就会支持你。

从推行田长制到乡村品牌规划

问： 2015 年永安村推行田长制的背景和主要内容是什么？

张： 田长制是 2015 年余杭区搞的一个试点，不是我们自己想出来的。那时候良田改造刚完成，区里要求管理好土地利用率和种粮面积。一方面是怕村民随意把耕地改成鱼塘养鱼虾，另一方面是防止耕地抛荒和违法用地。

永安村管得比较好。山区粮田产量低，因为灌溉难，但我们平原地区有水，种粮有保障。当时区里定下三条规矩：第一不能违法用地，比如倒塘渣、填土做堆场，把地硬化了种不了粮食；第二改鱼塘要有序，不能乱来，保持一定比例的良田；第三不能抛荒。我们让30个村民小组长各自负责自己片区。分管农业的姚凤贤布置工作，小组长负责日常巡查，发现问题马上纠正。搞了一年多，确实没出现抛荒和违法用地，改鱼塘的面积也控制得很低。

2016年国土部搞永久基本农田划定工作，要在全国选现场会点位，最后定了永安村。杭州土地管理本来就规范，加上我们村基本农田保护率达到了97%，别的地方一般就70%左右。国土部和农业部的领导来看过后很满意，觉得我们管得实，《人民日报》、央视这些媒体也都来报道。后来我们总结经验，搞了三层"网格田长制"：村书记当总田长，三个大网格各设一个田长，30个小组长当微网格田长，主要就是每天巡查，发现问题及时制止，上报处置。

问：2016年全国现场会给永安村带来了怎样的影响？

张：现场会开完后，我们永安村因为平原良田多、基本农田保护率高（97%），全国搞国土工作的都来参观，算是出名了。但其实我们村那时候还是贫困村，2017年集体经济收入才28.5万元。

我们村代表的不光是永安村，余杭街道城北8个村情况差不多，都是平原，以种粮为主。8个村加起来71.8平方公里，占余杭街道103.8平方公里的70%左右。2017年余杭区陈如根区长开始关注我们，因为我们属于区里最穷的村之一，他就安排区领导和我们结对帮扶，想尽快帮我们脱贫。

张水宝：从传统稻作到现代农业的永安实践

2018 年 5 月，陈区长来我们村蹲点调研三个月，前后来了 5 次，开座谈会、走访农户，听取党员、村民小组长、退休老干部和现任村干部的意见。

问：陈区长调研后提出了哪些发展思路？这些思路后来是怎么落地的？

张：他调研后指出永安村有两大限制：一是永久基本农田保护区，二是非常滞洪区。非常滞洪区是 1996 年发洪水后定的，1998 年正式划定。因为当时西险大塘出现裂缝，情况危险，省里为保杭嘉湖平原安全，把我们这一片划成非常滞洪区，万一发大水，洪水就往我们这儿泄。有这个帽子在，银行不敢给企业贷款，工业根本发展不了。

陈区长说，从国家层面看，粮食安全必须保障，我们这 3 万多亩良田肯定要种粮。但光靠传统种法，农民增收难。他提出三个方向：第一搞科技种稻，第二选优质种子，第三走规模化和集约化路子。他还专门召集余杭街道和余杭区农业农村局开会，定下调子，要在城北 8 个村重点发展水稻产业。

2018 年底，我们永安村被定成试点，2019 年 5 月成立强村公司具体推进。陈区长的想法是先在我们村搞试点，成功了再推广到其他 7 个村。

问："稻香小镇"这个名字是怎么来的？后来为什么又改了？

张：2018 年、2019 年那会儿，全国各地都在搞各种"小镇"，比如梦想小镇、机器人小镇这些。我们做项目也得有个响亮的名称，"稻香小镇"这个名字就是那时候定下来的。当时知道建德大同有个稻香小镇比我们早，我们就叫"永安稻香小镇"，这样好区分。

到了 2020 年、2021 年，国家开始整治"小镇"，要求未经发改部门审批的都不能叫"小镇"。我们虽然没被点名，但觉得迟早要来查，就主动把"小镇"两个字去掉了。余杭区本来就有个区域公共品牌叫

"禹上田园"，改名叫"禹上稻乡"也是顺理成章的事。说实话，我们更习惯"稻香小镇"这个叫法，"禹上稻乡"总让人觉得有点拗口。

问：胡晓云老师是怎么参与到项目规划中的？

张：胡老师是余杭区农业农村局推荐来的品牌专家，专门为我们杭州稻香小镇农业科技有限公司做规划。这个规划不仅仅包括品牌建设，还涵盖了整个项目的发展方向和周边 7 个村的联动发展。

当时蒋文龙老师帮了大忙，他作为《农民日报》的资深记者，对我们永安村的情况特别了解。胡老师的规划虽然是宏观层面的，但因为有蒋老师的基础资料，制定出来的方案很接地气，我们少走了不少弯路。不过具体怎么落实？那时候没有人教，得靠我们自己摸索。比如彩色水稻种多大面积？农文旅怎么结合？这些都是边干边学的。

问：第一届开镰节效果怎么样？后来农文旅这块是怎么继续发展的？

张：2019 年 11 月 8 日第一届开镰节办得非常成功！余杭区融媒体帮忙策划的，还搞了丰收月系列活动，持续了一个月。当时我们找了浙大的吴殿星教授，他在马路两边种了红、黄、绿、紫四种颜色的水稻，一共二十多亩，特别吸引眼球。第二年我们又调整了方案，改种彩色油菜花，有七八种颜色，春天开花时整个田块像花海一样壮观，很多人特地来看，说是省得跑江西婺源了。

2020 年虽然疫情开始了，但农村空间大、空气好，反而更受欢迎。最让我们意外的是，2022 年浙大的毕业典礼都放在我们文化礼堂广场办了。因为城里管控严，我们这边室外场地大，正好解决了问题。

问：永安村这一带的土地性质给规划实施带来哪些困难？怎么解决的？

张：最大的困扰就是我们这里是永久基本农田保护区，所有的建设用地都必须严格审批，不能碰耕地红线，连建个微型停车场都不行。

做规划的团队也很头痛，最后只能在现有设施基础上做文章。我们在文化礼堂区块改造了几个物理空间，17号和15号院改造成共享小院，建了游客接待中心、体验馆这些。

问：农产品深加工这块有哪些尝试？效果如何？

张：我们一直在尝试延长产业链。比如说大米，除了卖原粮，现在还做米酒、锅巴这些衍生品。虽然现在销量还不大，但是想象空间很大。你看象山的红美人柑橘，一旦做出来了就供不应求。我们也在摸索，如果有一两款爆品出来，通过直播带货的话，一年卖个几千万元是很有可能的。这条路得继续走下去，把农产品的附加值做上去。

创新企业与市民认养农业模式

问：2019年搞企业认养模式是怎么想到的？具体是怎么操作的？

张：这个认养模式完全是逼出来的。当时村里的大米卖不出去，找了一家运营单位付了30万元，结果一颗米都没卖掉，急得我睡不着觉。后来我和区农业农村局一位副局长商量，想到我们周边有未来科技城这么多企业，为什么不发动他们来认养呢？

主要思路很简单：企业认养我们的优质田块，我们按标准种植，收获的大米直接供应给这些企业。第一年就实现了248万元营收。关键是发动街道商会牵线，一个月就搞定了31家认养企业。开镰节上公布名单时很轰动。这些企业很多都是熟人，觉得支持永安是应该的，有的二话不说就认养一两份。

其实我们没想靠这个赚大钱，主要是把产业盘活，把永安的名气打出去。不过现在我们没继续扩大，主要担心质量把控。一旦产品出问题，多年的口碑就毁了。必须等我们把质量标准体系真正完善了，才敢大面积推广。

对话

问：乡村运营是个新课题，您觉得永安成功的关键因素是什么？

张：干乡村运营得具备五个条件：第一要有过硬的村两委班子，第二要民风淳朴，第三得有好的资源禀赋，第四要老百姓支持，最后还得培养本土人才。缺一个都干不成。我们跟文旅公司、活动公司合作，宁可少接单也不乱来。现在的职业经理人刘松跟我配合得很好，我常跟村干部说，就算项目暂时亏点也不要紧，关键是积累经验和资产。

问：在品牌建设和可持续发展方面，村里有哪些长远打算？

张：品牌建设是场持久战。我们的"稻香永安"现在刚起步，要达到真正的品牌效应可能要十年。除了主粮，还在开发各种农产品衍生品。跟政府合作的项目，我们特别注重硬件软件同步建设，这些将来都是永安的固定资产。现在街道很支持我们，项目资金落实很快。但我经常提醒年轻干部，一定要继续坚持规范运作，这个传统可不能丢。

问：听说您还想做市民认养模式？和现在的企业认养有什么区别？

张：我确实更看好市民市场。企业认养主要是解决单位食堂需求，但市民就不一样了。我们设想过让杭州市民认养三分地，付 5400 元，一年的大米、蔬菜、水果全包了。

三分地足够养活一家三口，连带着孝敬丈母娘都够。按这个算法，"禹上稻乡" 3 万亩田能满足 10 万家庭的需求。关键是食品安全，我们的产品不用防腐剂，两小时内就能配送到家。市民只需花 5400 元，就能保证全家一年吃上放心食物，这个账谁都算得过来。

问：这些想法和八村新的发展规划吻合吗？八村规划 2.0 版进展如何？

张：完全吻合。新的 2.0 规划是在 1.0 版本上的优化，没有大的突破性改变。我们这几年已经走得比较靠前了。所有规划都围绕数字目标展开，概括起来就是"1339"。"1"是打造八村农业核心，"3"是今年做到 3000 万元营收，两个"9"分别是九大工作板块和九项具体目标。

张水宝：从传统稻作到现代农业的永安实践

问：听说您还和绿色食品水稻专委会有合作？

张：中国绿色食品协会稻米产业专业委员会是农业部下属的，2024年刚成立，负责全国绿色水稻推广。他们去年把永安"稻香小镇"评为全国12个绿色水稻创新园区之一，还给了个"稻田守望者"科技文化创新园的牌子。专委会的金连登主席以前是水稻研究所专家，后来在农业部管大米质量检测，他非常认可我们的模式。这个平台能帮我们对接国家层面的绿色认证和产业资源。

问：您还提出要搞农产品直播平台和选品基地，这是什么新方向？

张：这是今年要启动的重点项目。我们打算在"稻香综合体"里搞个优质农产品选品基地，配套直播平台。立足杭州，辐射浙江，最终面向全国。

这个平台有两个作用：一是弥补我们本地产品的不足，比如有人想吃新疆大枣、东北木耳，我们都能提供；二是帮助扶贫产品打开销路。和我们现在的认养模式不一样，这是直接对接全国优质农产品和消费者的渠道。

现在正在调研全国供货渠道，已经准备了几个月。虽然想法很好，但要做成还得下苦功夫。不过我觉得，这条路走通了，才能真正把永安的名片擦得更亮。

"自创门派"建立现代文化生态系统

问：在永安八村的振兴实践中，文化艺术发挥着怎样的作用？

张：杭州农村现在物质条件真不差，低保户看病能报销80%，孩子上学有补助，房子也都修得漂亮，这在全国的农村也不太有。但是光有钱不行，得让农村生活更有品质、更有文化内涵。我们不搞那些虚头巴脑的"文化下乡"，我们以前没有系统的历史记录，现在，通过口述和资料的整理，可以展现苕溪北八村这个独特地理单元过去、现在以及未来的生产生活和文化现象。到了这个阶段，我们更需要思考如何建立一个可持续的文化生态系统，为未来的共同富裕和乡村振兴提供示范。

我们不仅要记录历史，更要创造历史。100年后，后人回看我们现在做的这些工作，可能会发现这是一种"自创门派"的文化。因为永建这片区没有传统的庙堂文化和家族文化，但我们通过现代的方式，比如科技、艺术和产业，形成一种新的文化生态，让它成为一种内在的力量，推动未来的发展。

问：您提到要把农村生成为一种接近城市生活的方式，能具体说说这种模式与以往的城镇化有什么区别吗？

张：我们说城乡融合，不是说要把高楼大厦搬到农村，而是让把城市的生活方式和便利性引入农村，但又保留农村的自然和文化特色有农村独特的氛围，比如在田间喝咖啡、在广场上看电影，村民不需要再往城里赶，而是在家门口就能享受音乐、电影等文化活动。这种融合既能满足村民的精神需求，又能吸引城市人来体验。

问：这种生活方式的转变需要通过什么来实现？

张：首先是通过空间改造和产业升级，比如建了大米加工中心、培训基地、综合体，吸引高端涉农企业入驻，然后引入文化艺术，开发文创产品，改变村民的精神生活。最终目标是让农村的生活方式接近城市，但保留农村的独特魅力。比如"禹上稻乡"规划中的康养中心，可以让有钱人选择住在农村，而不是城市。

八村组团需要足够的包容心和共享精神

问：目前八村组团发展遇到的最大难题是什么？如何破解这个难题？

张：最难的各村对组团的理解和支持程度不同。比如，有的村书记恨不得今天请职业经理人，明天就见着效益。但做品牌得熬，做品牌和产业需要长期投入，不可能一蹴而就，我们定的是"五年打基础、十年树品牌"。

八村组团发展还有很多需要完善的地方。去年建立组团模式后，我们一直在谋划和设计，但各个村的资产资源和想法还没有完全融合，街道管理层也需要进一步协调。接下来，我们要通过组织架构和制度来弥补这些短板。现在建立了三项机制：一是月度联席会制度，八个村必须派主管干部参加；二是收益分配白皮书，所有合作项目提前确认分成比例；三是人才共育计划，每年选送青年去专业机构培训。最近刚把各村的民宿资源打包，统一品牌运营，第一年就让平均入住率提高了30%。这就证明组团才能成事。

问：您怎么看经济形势对八村组团的影响？

张：经济形势的影响其实有限。八村组团的关键在于是否具备足够的包容心和共享精神。无论是经济上行还是下行，合作都是必要的。比如，如果不组团，游客来了可能会选择住更方便的城市酒店，而不是我们的民宿；农产品资源也无法整合利用。合比分的作用更大，效果更好，但需要用制度和架构来保障，而不是依赖个人或管理者。

人性波动太大，制度才是最可靠的保障。比如，一个有威信的领导，大家服他，但他不可能永远在那里。换一个人，如果性格不合或威信不足，靠个人关系就很难推动事情。所以，一定要用制度和运行体系来约束和保障，这样才能确保八村组团的长期稳定发展。

刘松：
希望走出一条城乡融合发展的新路径

对话人物

刘松，安徽省芜湖市南陵县人，皖西学院农学专业毕业。做过养殖场技术员、有机农场管理与运营，某大型企业集团生态农业板块总经理。2020年获聘浙江省杭州市余杭区余杭街道永安村农村职业经理人。现任杭州稻香小镇农业科技有限公司总经理、杭州禹上稻乡经营管理有限公司总经理、余杭街道文化特派员。

把要去工作的村子当成了"老家"

问：你好！你是余杭区较早聘用的一批乡村 CEO 吧？能不能简单介绍一下相关政策背景？

刘松（以下简称"刘"）：好的。我是 2020 年应聘到永安村担任农村职业经理人的，也就是俗称的"乡村 CEO"，是余杭区的第二批。2019 年，为了响应国家关于乡村振兴的战略规划，浙江省的余杭区率先在部分村尝试引入农村职业经理人，让一批懂农村、善经营、会管理的专业人才回到农村，参与乡村运营。主要目的是创新农村产业运行模式，强化品牌引领、策划先行、运营前置，有效提升乡村资源配置效率，高效对接产业需求。2019 年开始全国广发"英雄帖"，招了第一批乡村 CEO。第一批招的人数不多，但余杭区在全国迈出了第一步。所以可以说，余杭区是乡村 CEO 这一新职业的发轫之地。

问：你是怎么想到应聘乡村 CEO 这一职位的呢？

刘：一开始是余杭区农业农村局的领导找我帮忙。他们正准备招聘第二批乡村 CEO，问我能不能推荐一些人来应聘。可能他们觉得我对农业这个领域比较熟悉吧？我感觉，不就是想让我帮忙找人吗？不过也没太在意。

问：你当时在做农业相关的工作？

刘：对！我当时在中国农业网负责组建农产品供应链工作，之前在正泰集团的九亩农业做过有机农场场长，后来去海亮集团做了农业板块的项目公司总经理。我大学学的是农学专业，毕业后的工作也一直跟农业有关，做过技术员、销售员，后来逐渐接触到农业运营和管理。在海亮集团工作期间，因为集团总部在杭州，由于业务关系，我跟杭州市以及各区县的农业部门，包括余杭区农业农村局，有了较多的接触。余杭区农业农村局的很多领导和工作人员都是老熟人了。

问：是不是可以认为，一开始你自己并没有应聘的想法?

刘：是啊！当时我跟领导开玩笑说："你们这工资那么低，一年才18万，我这种上市企业工作的，能来吗？"他笑着说："你才不会来呢。"

问：后来怎么改变想法了呢?

刘：当时我已经在杭州安家，结婚生子。回家后我跟家里人提到了这件事，家里人都觉得挺好，一年18万元的底薪，离家近，可以多陪陪家人，也能照顾到孩子，至少不用杭州、镇江两地奔波了。他们这么一说，我觉得很有道理，虽然也有纠结，但最后还是决定去应聘。

问：除去收入稳定、可以照顾家庭这样的考虑，乡村CEO这个职位对你来说还有哪些吸引力呢?

刘：还有我对家乡的那份情怀。我老家在安徽芜湖南陵县家发镇的农村。我从小在那儿长大，中间跟爷爷去过几年黄山。爷爷在那里承包了部队农场，种植水稻、加工大米，还做些粮油生意。所以，从小我对农村和农业都很熟悉。我的老家离长江很近，直线距离就三十公里。村子三面被漳河包围，水域很多，整体环境跟余杭这边差不多。南陵县也号称"鱼米之乡"，是中国四大米市之一。

但是，小时候家乡的条件很不好，生活艰苦，生产落后。上大学后，我经常惦着老家的那条河、那片土地，想着怎样才能让它们变得更好，哪条路需要修，哪些地方能种树，怎么改善生产生活条件。

工作以后，我一直在外地奔波，后来又在杭州安家，暂时回不了老家，但乡村CEO这个职位让我看到了一种可能，就是通过自己的努力给农村带来一些实实在在的改变。

问：这算是一种"移情"吧。也就是说，当时你把自己可能要去工作的村子当成了自己的"老家"?

刘：没错！我真的有这种感觉。当时，我老家的村子已经拆掉了，便想着怎么把要去工作的村子打理得更好。后来成功应聘来到永安村后，我打心底里想着把它当作自己的家乡一样去规划，怎样修房、修路、种树，怎样发展生产，怎样售卖农产品，怎么让更多人喜欢这个乡村。

问：这份情感与责任心的结合，给你带来了怎样的动力呢？

刘：这份责任心真的挺重。有时我晚上躺在床上，脑子里全是这些想法。你看那些小地方，怎样去完善，怎样更好地发展。我天生就喜欢这种务实的东西，想通过实际行动去改变周围的环境。这也是我做这个项目的动力吧。再说，乡村 CEO 这个职位让我能把自己的力量用在更贴近民生、更接地气的地方。这种实践的价值，远比任何一个坐办公室的职位都要大。

乡村运营更多是做乡村文化的塑造和传递

问：来永安村之前，你对这个村子有了解吗？

刘：其实并没有。我来之前，街道领导和张水宝书记看了我的简历，觉得我比较符合要求，就专门给我打电话说要当面聊一聊。其实我对永安村还可以说一无所知。他们看中的是我做农业农村工作和企业管理的经验。

问：与张书记面聊时，你提出过什么要求吗？

刘：我当时就提了几条：第一是人事权，也就是说我可以负责招人和裁人，能有一定的决策权；第二是签字权，做事要有主导权，特别是在财务管理上要能有一定的权力；第三是资源要有保障，村里如果有好的物业、空间，我能有机会用到。大概就是这些。

问：结果怎样？

刘：聊完后，张书记和街道领导都很爽快，说"没问题，保证给你实现"。我也不再犹豫，立刻决定过来了。

问：你正式入职是在什么时候？

刘：2020 年 10 月。其实 9 月就开始接触村里的工作了。那时村里的工作刚开始联动，很多事情都是单独进行的，我到的时候还没来得及具体了解村里的情况。

问：所以那时候，你还没有明确自己要做什么？

刘：对，完全没有。当时我对村里的情况不了解，甚至对"农村职业经理人"这个角色也没有概念。只是有人通知我去开会，什么事情都没有搞明白。开始确实有些迷茫，但随着时间的推移，我慢慢地了解了这个村子，也开始意识到自己要承担的责任。

问：你是什么时候逐渐理清乡村 CEO 的职业角色的？

刘：刚开始，街道和村里的期待其实并不高，他们觉得职业经理人不过是来帮着卖点米，做做活动。大家对职业经理人到底能做什么，也都不太清楚。但我渐渐意识到，乡村 CEO 这个角色可以做的事情远不止卖米、做活动这些，还涉及更深层次的乡村运营和规划。到 11 月的时候，我就做了一个永安村未来 3 到 5 年的发展规划，拿给张书记和村里其他领导一起讨论。最后达成一致，确定了永安村的发展方向和具体目标。这也算是我作为乡村 CEO 的真正起点吧。

问：刚开始，你是如何处理自己与村两委班子的关系的？

刘：说实话，一开始的确有些棘手。幸亏有张书记一直在两边协调。我的工作主要是经营和发展，村里的事务交给两委班子去处理，因为村民有问题来找我，我能做的也有限。

问：村民是怎么看待你们的？

刘：他们一开始也有些怀疑。他们觉得我们这些外地人来这里是为了搞活动收钱，但慢慢地，他们看到我们是在做强村公司，而不是在搞个人利益，就逐渐理解了我们的初衷。

问：你们最初的业务就是围绕大米展开的吗？

刘：是的，主要售卖大米。但我发现要想扩大影响力，搞活动是一个很好的切入点，于是做了一些亲子活动、团建活动等。效果还不错。政府领导开始关注我们，媒体也在跟进报道。其实一开始我还没想清楚整个村的发展方向，但做活动容易启动，成本可控，见效又快，不像产品开发那样需要很长时间才能看到效果，所以选择了以做活动作为突破口。

问：后来你们逐渐拓展了业务范围，做了哪些新的尝试？

刘：2021 年，除了做活动，在余杭街道的支持下我们开始做一些衍生产品，比如米酒、米糕等。到 2022 年，团队逐渐壮大，我们也开始做一些培训业务，尤其是外地的农村职业经理人培训。这个业务开始于 2022 年 4 月，慢慢得到了大家的认可，也逐渐有了一定的影响力。

问：所以到 2022 年，你的信心更足了？

刘：是的，2022 年我对乡村 CEO 这个职位有了更清晰的认识。尤其是一些外部团队进来之后，我才意识到，这不仅仅是帮永安村发展，我们做的可能是对全国都有帮助的事。特别是跟浙江农林大学乡村共富学院的季宗富老师交流过后，我更加明白了这个职业的深度和意义。

问：外部团队进入之后，是不是也给了你一些启发？关于村子的发展，你是否有了新的思路？

刘：这就要提到浙江省乡村建设促进会的蒋文龙会长。蒋老师是农民日报社驻浙江省的高级记者，也是农业品牌传播专家，一直推崇乡村品牌化的建设。他觉得，乡村要运营，首先要构建一个具有地方特色的区域品牌。品牌化不仅能带动经济发展，还能帮助乡村文化的传承和发展。在他的启发下，我们开始关注如何通过品牌化来提升村子的整体发展。

问：就是那个时候开始推动打造"禹上稻乡"这个品牌？

刘：是的。蒋文龙老师的妻子胡晓云老师是浙江大学的农业品牌专家。对于打造这个品牌，她也倾注了很多的心血。

问：你们在打造"禹上稻乡"这个品牌时，遇到的最大挑战是什么？

刘：最大的问题就是土地流转。刚开始很多土地是由小农户单独承包的，规模很小，难以形成效益。直到2017、2018年，政府出台了适度规模化的政策，才开始推动大规模土地流转，把零散的土地集中起来，形成统一管理，进而推动项目化发展。最初，品牌建设是从小范围的顶层设计开始的，胡老师的团队为我们提供了很多专业支持。他们从文化理念、视觉形象、产品包装等方面，给我们带来了全新的思路，也让"禹上稻乡"成为一个标志性的项目。

问："禹上稻乡"品牌的建立带来了怎样的影响？

刘：通过品牌化，我们整合了资源，还能为村民带来更多的经济机会。对我个人来说，品牌的建立也让我对乡村运营的理解更加清晰了。我们不仅仅是在做农产品销售，更是在做乡村文化的塑造和传递。这背后，更多的是思考如何通过产业布局、产品开发和品牌运营，帮助村庄实现长远发展。

问：你刚才提到产品开发，再说说大米衍生品开发方面的进展吧？

刘：从2021年开始，我们就开始做大米衍生品的开发。最早做的是米酒。一开始做的米酒度数很高，后来慢慢调整，开发了低度米酒，更适合大众特别是年轻人消费。锅巴也是早就开始开发的产品。

问：这些衍生产品是自己生产的吗？

刘：大多数是代工的。我们还没有食品生产许可证，自己做的话没法进入商超流通渠道，所以只能找外面有资质的厂家来代工生产。我们主要负责提出标准要求，比如品质的把控、产品的调配和口感的选择。

问：这些产品的市场推广情况怎么样？

刘：整体上还不错。像锅巴这种产品，我们已经做了多次订单，每年都在增加。以团购为主，一些合作商会帮我们进行分销，一些主播也会在平台上做分销。

问：在开发和推广这些产品时，村民的参与度怎样？他们在整个过程中扮演了什么角色？

刘：一些本土的粽子、青团、米糕，有团购订单都是叫村民来做，客户更加喜欢。不过，一些更专业的任务，我们会请人来处理，像礼盒包装这种较为复杂的工作，村民就参与不到了。

问：你们和种粮大户的合作是怎样的？

刘：主要是我们向种粮大户下订单。我们会预估好需要的稻谷量，提前和他们沟通好。我们提供种子和标准，他们负责种植和收割，确保品质。

问：这样看来，你们团队和村里的合作还是非常密切的。

刘：是的，生产方面主要是姚凤贤在负责。姚书记原本是村里的副书记，退休后返聘，他和大户们都很熟，所以这块工作他处理起来得心应手。我也经常跟大户打交道，碰到解决不了的问题，再去跟姚书记沟通。

乡村发展的关键是经营意识和能力

问：现在讲苕溪北八村组团发展。你们是如何决定从永安村开始推动"禹上稻乡"项目的？

刘：最初的想法很简单，我最初应聘的就是永安村的职业经理人，一开始的工作重点就在永安村。到 2021 年底，余杭街道感觉到永安村的变化，开始有了信心，觉得这条路可能是对的，然后就想，既然永安能做好，其他村也许也可以一起发展。不过，最开始并没有意识到八村要组团发展，只是想着通过"禹上稻乡"项目顺带帮着把别的村的资源和产品也卖出去。

问：所以，一开始并没有计划将八个村联合起来?

刘：是的，我的最初的规划确实是这样，我们团队也只是想着怎么样把永安村做好。虽然街道早在 2018 年就开始谋划八村组团发展。那时我和其他村的书记也都不太熟。初步联系以后，发现他们对自己的产品并不熟悉，也没有经营的经验，所以我们确实帮不上太多忙。

问：之后是如何发展成八村组团的?

刘：到了 2022 年，余杭街道觉得永安村的变化很大，可以试着推广到周围的村。所以又组织召开了八村会议，开始讨论具体如何组团发展。大家都很积极，也都希望我们去指导一下。于是我提出一个方案，每个村配一个乡村 CEO，专门负责产品的规划和销售，这样就能高效运作了。

问：你提到的方案，具体内容是什么?

刘：核心是每个村要有一个乡村 CEO，先摸清每个村的资源和市场需求。我还提到每年要举办一些标志性活动，比如高峰论坛，不断提升整体的影响力。我还建议定期举办一些节庆活动，比如春天的开耕节和秋天的开镰节，以持续吸引人气。我提出这些想法后，领导也很支持，甚至没经过太多讨论，就直接决定按照这个方案推进了。

问：方案通过之后，具体是怎么实施的?

刘：方案定下来之后，我们开始行动。首先是招募合适的人选担任各村的乡村 CEO。我就和团队一起启动了招聘工作，在全国范围内发布招聘公告，最后从 40 多个人中筛选出了 8 个人。

问：这些乡村 CEO 的具体工作是什么?

刘：主要就是了解掌握当地的资源，弄清产品的生产周期和数量，也要懂得如何与外部市场对接。这是一个非常细致的工作，因为每个村的情况都不同，需要根据实际情况来调整策略。除此之外，他们还要对村庄的发展有个规划策划，找到这个乡村未来的发展定位和方向。另外，每个 CEO 还需要帮助村民提升经营意识和能力。这样才能带动整个村的发展。

问：在这个过程中，你个人有哪些感悟？

刘：这整个过程让我深刻体会到，乡村发展的关键不仅仅是资源和资金，更重要的是人的意识和能力。所以，最开始我们不仅仅是在做产品对接，更是在提升大家的经营意识和能力。这也是我觉得最有意义的地方，能帮助村民看到更广阔的未来。

问：新的乡村 CEO 招进来之后，你们是怎么样帮助他们成长和开展工作的？

刘：招聘完成以后，我们就对他们进行了专门培训。然后，每位新人配一位师傅，采取传帮带的方式，另外通过理论知识培训、专业技能提升、专项项目锻炼、外出交流考察等四个维度帮他们快速成长，直到他们能够独立开展工作。每位师傅都是我们自己安排的，由进来较早的人担任，我也是师傅之一。师傅和徒弟没有级别之分，实际上徒弟的收入可能比师傅还高。

问：你从一开始对乡村 CEO 的工作认识比较模糊，到后来成为资深的农村职业经理人，这个转变是怎样实现的？

刘：主要是通过实践和学习吧，特别是在工作中边干边学。我也会关注相关政策、行业信息，阅读书籍、文章，参加各种活动，外出交流。走出去后，能看到不同地方的不同做法。虽然那些地方没有余杭起步早，但也时常能想出不少很好的点子，非常值得学习。

问：担任乡村 CEO 以来，你遇到过的最大困难或困惑是什么？

刘：这几年困难和困惑一直都有，但我很少把它放大。乡村运营每个环节都涉及很多方面，确实很难。比如，要说服村书记支持项目，就不是一件容易的事。还有，有些员工的原动力不足，得想办法调动他们的积极性。此外，员工之间的关系也需要平衡。这些都需要时间逐步摸索。

问：有没有过因为工作开展不顺利，想过放弃的时候？

刘：我个人不太会遇到这种情况。我是个乐观主义者，一条路走不通，我就换个方向继续走。不管怎样，总会找到新的办法。

这里变成了一处乡村云的实验场

问：算起来，你来永安村工作快5年了。通过这几年的经历，你对这个地方的认知有了怎样的变化？在你看来，未来这个地方的样貌会是怎样的？

刘：在我看来，这里原本是一个纯农业村，现在逐渐变成了一处乡村云的实验场，涉及产业发展、人才培养、创新模式和区域协作等。跟乡村运营有关的很多东西，其实都是在这里试验出来的，有些成果已经推广到了全国。比如，我们的乡村CEO培养计划，最初是"浙江千名乡村CEO培养计划"，现在已经扩展到全国，变成了"万名乡村职业经理人培养计划"。我们在这方面做的标准体系已经很快成为行业标准。

问：能详细说下为什么会有"浙江千名乡村CEO培养计划"？你是怎么看这个计划的？

刘：这个计划的源起有两个，一个是2022年7月中国农业大学—腾讯为村乡村CEO培养计划一期班学员来永安村实训，他们邀请我作为实践导师，我和腾讯SSV（可持续社会价值事业部）逐步熟悉起来，并了解了乡村CEO培养计划这件事情；另外一个是浙江省乡村建设促进会蒋文龙会长建议我们搞一个"乡村CEO师带徒"项目。恰巧2023年4月腾讯SSV的陈晶晶来杭州碰面，大家一致认为浙江省需要大量的乡村CEO，考虑到2025年浙江省省级未来乡村会达到1000个，所以我们给项目名字叫"浙江千名乡村CEO培养计划"，希望未来5年可以通过"多主体、长周期、体系化、陪伴式"创新的方式培养1000个左右的乡村 CEO。8 月 10 日这个计划得到浙江省农业农村厅的同意。9 月 8 日首期班有 100 名学员，2024 年 6 月和 2025 年 5 月由于效果好，人数增加到每年 300 人，令我们意外的是，三年累计报名人数超过了一万人。

这个项目不仅仅是一个培养计划，更是为推动我们国家乡村经营性人才的发展起到了关键作用。现在，广东、安徽，越来越多的地方开始关注并重视这支人才队伍。中国农业大学、腾讯和中央农广校更是启动了"万名乡村职业经理人培养计划"。2024 年年底，落地永安村的"为村共富乡村共创基地"以及"乡村 CEO 之家"通过链接腾讯、浙江省乡村建设促进会等社会力量，搭建起"助力全国乡村 CEO 群体发展"的高能级服务平台。从 2023 年开始，我们还在努力推进"农村集体经济经理人"的新职业认证，经过两年多的努力，今年 5 月，它终于被正式收录进了国家职业分类大典。

问：现在永安和其他 7 个村之间的合作程度怎样？

刘：现在各村资源融合度更高，股份也都按比例划分好了。有些村里有闲置房子如果能用，就给我们用，在很大程度上实现了共享资源。不像以前，永安村有自己的强村公司，其他村也各有各的强村公司，现在所有的经营管理都放到了总公司，大家都融在一起了。

问：各村原来的强村公司还存在吗？

刘：原来各村的强村公司都还有，但是其角色弱化了或者叫具化了。现在，经营管理的职责全放到了总公司，统一管理。前期准备和具体运营还是会在各个村进行，但整体的经营就由总公司来负责，差不多形成了"一个脑袋，八只手"的格局。

问：在这种模式下，各个村庄还能保留自己的特色发展路径吗？

刘：当然。比如溪塔村有高架桥下的空间提升，永安村有稻田和稻米加工厂项目，竹园村有茶叶和竹笋等。在整体组团的同时，每个村都会根据当地特色资源寻找独特的发展路径。整个机制是灵活的。但不管哪种特色项目，最后都会交给总公司统一经营管理。

问： 这样来看，各村就成了总公司的股东和供应商？

刘： 对，各村作为股东参与，他们主要是通过资源提供、供应链合作来支持公司运作。比如米的供应就由村里的大户提供，其他相关资源也会根据需求进行调配。

问： 在你看来，未来几年，这八个村的共富机制该如何提升？

刘： 我们做这些的目的，是带动村民更深入参与进来，同时通过赋能让他们有更多的获得感。乡村振兴最终的目的就是让百姓从中受益，真正实现共富，而不是强村公司单方面赚取利润。

问： 这种"共富机制"是否也包含了某些业务的分工与协作？

刘： 确实是这样。我们要让 8 个村在经营上有所分工、合作。无论是产业分工、产品分配还是资源共享，都是为了让每个村都能从中受益，实现共同发展。

问： 你们 2025 年的工作目标是什么？

刘： 今年最主要的工作有三块：一是把营业额做起来，目标是达到 3000 万元；二是把各个空间运营好，像大米加工厂、培训中心这些项目都要做好；三是继续推进共富机制，让更多村民和企业参与进来，进一步完善带动和分配机制。我们还会请专家来帮助优化方案，确保能达到最佳效果。

问： 最后一个问题。你觉得五年后的苕溪北八村会变成什么样子？

刘： 最大的期待是，这几个村子形成合力，进入区域自我推动向前的良性循环，而不再单纯依赖政府或者外来力量的推动。那时，可能会有更多年轻人回到这里，至少返回的趋势有明显增加。城市化因素也会增多，但不改这里的乡村本色。从长远来看，我希望这里走出一条城乡融合发展的新路径，成为一处亦城亦乡的新型典范空间。

蒋文龙 & 胡晓云：
让八村成为杭州城市品牌的独特拼图

对话人物

蒋文龙，工商管理博士，浙江省乡村建设促进会会长，原农民日报社高级记者，农业品牌传播专家。在"三农"领域中，专注于农业品牌化的宣传报道以及农业品牌传播研究，是永安"禹上稻香"品牌的主要策划者，也是余杭街道苕溪北八村组团发展的主要推动者之一。

胡晓云，浙江大学 CARD 中国农业品牌研究中心主任、首席研究员，博士生导师，浙江永续农业品牌研究院院长。在中国大陆高校率先组建中国农业品牌研究中心，提出"农产品区域公用品牌"等概念，并持续进行纵深的理论研究与战略规划实践，长期助力"禹上稻乡"品牌化发展。

通过品牌的力量助推乡村发展

问：**两位老师好！能否分享一些你们关于农业品牌和乡村文化建设的具体实践？**

蒋文龙（以下简称"蒋"）：我们做了很多作品，包括几百个 Logo 和标志等，这些元素的叠加会让内容更加丰富。我们希望通过这些设计，让文艺气息越来越重要。同时，我们也注重吸引不同的人，特别是有意思、有故事的人，这样会让项目更加生动有趣。

胡晓云（以下简称"胡"）：是的，我们希望通过这些努力，让乡村不仅仅是经济上的振兴，更能在文化上焕发新的活力。

问：**在永安的乡村品牌设计过程中，你们遇到了哪些挑战？**

蒋：我们最初接手这个项目时，发现这片区域的文化资源非常匮乏。比如，洪桐祠堂的历史已经模糊不清，甚至当地人也不知道它到底供奉了谁。我们团队非常惊讶，在这么靠近现代化主城区的地方，居然还有一片如此原生态的村落。

胡：我们最终发现这里唯一的优势资源就是几千亩稻田。于是决定将稻田作为品牌设计的核心元素。当时有人提出把这里打造成"稻香小镇"，我们也朝这个方向做了很多工作。

问：**能否介绍一下你们是怎么接触到这个项目的？**

胡：其实这是一个意外的惊喜。我们最初与余杭区农业农村局合作的是"禹上田园"项目，旨在打造多品类的农业品牌。在对余杭农业现状进行调研时，我们发现了这片稻田。当时它并没有引起我们太多兴趣，因为缺乏典型的文化资源。

蒋：后来，我们完成"禹上田园"品牌的设计后，区农业农村局非常满意，邀请我们参与稻香小镇的项目。可能是由于机制上的问题，一开始余杭街道对我们的到来并不太欢迎，但最终我们还是顺利开展了工作。

问：在项目推进过程中，你们如何应对机制上的问题？

胡： 一开始确实存在一些机制上的误解。比如，街道和区农业农村局在管理权上可能存在一些分歧。但最主要的还不是机制问题，而是认知差异。永安村张水宝书记曾说过，当初提到做品牌时，他根本不知道品牌是什么，能带来什么价值。直到现在，他们才真正认识到品牌的意义。所以，这更多是认知差异的问题，而不单纯是体制上的矛盾。

蒋： 我同意胡老师的观点，认知差异确实存在。区农业农村局经过多年的品牌推广，已经对区域公用品牌有了深刻理解。我们从2004年开始研究农业品牌，2006年提出区域公用品牌概念，到2009年与农业部共同推广，积累了丰富的经验。所以，区农业农村局对"禹上田园"品牌是认可的。但街道层面的认知不同，起初他们更习惯于传统的农耕经济模式，对品牌思维和文化赋能的概念还不太理解。

问：如何在认知差异中推动项目落地？

胡： 项目初期，街道对我们的工作确实不太理解。但区农业农村局做了充分准备，不仅从理念上推动，还在科研经费和落地效果上提供了支持。对街道和村庄来说，这是一件无需投入就能受益的好事，所以他们最终欣然接受了这个项目。

蒋： 我们通过辩论和沟通，逐渐让街道和村庄理解了品牌的价值。比如，我们强调文化赋能和符号赋能，让一粒米的价值因其文化内涵而得到提升。这个过程虽然充满挑战，但最终项目得以成功落地。

问：为何选择永安村作为核心村？

蒋： 我们对余杭街道苕溪以北的8个村进行了研究，发现最具备消费市场链接潜力的是永安村。虽然永安村除了稻田似乎没有其他资源，但它的5000多亩高品质农田是最大的优势。其他村庄如竹园村有茶和竹子，但茶产业主要集中在径山镇板块，不适合作为核心资源。

因此，我们以永安村为重点，未来再联动其他村庄。

胡：永安村的高品质农田是核心资源，但也面临挑战。这里是永久基本农田保护区，无法进行城市化开发。看到周围村庄因城市化受益，而自己却被限制发展，当地老百姓对此也有意见。因此，我们需要通过品牌化的方式，为村庄找到一条新的发展路径。

问：政府在推动品牌化过程中发挥了怎样的作用？

蒋：政府意识到了品牌的潜力，尤其是在余杭区区长的支持下，项目得以顺利推进。区长对我们的品牌理念非常认可，甚至表示这从根本上改变了他对乡村发展的认知和思路。

胡：区长的支持非常关键。他表达了对品牌理念的高度认同。这让我们意识到，品牌建设不仅仅是完成一项任务，更是向乡村和社会传递一种新的发展理念。基于这种认识，我们在 2014 年底提出了"品牌扶贫"的概念，希望通过品牌的力量助推乡村发展。

问：能否详细介绍一下"品牌扶贫"的理念？

胡：我之前提出"品牌扶贫"的概念，是因为发现传统的扶贫方式，比如实物扶贫、技术扶贫，虽然有一定效果，但比较分散和缓慢。传统的扶贫方式更像是"授人以鱼"，解决了眼下的问题，但长远看并不能带来根本改变。品牌扶贫则不同，它在与乡村的互动中，将先进的新质生产力、创造方法和落地模式输入进去。

蒋：品牌扶贫不仅仅是资源输入，更是一种发展模式的赋能。它让乡村从传统的生产模式转向更加市场化、品牌化的发展路径。

问：品牌赋能对乡村发展的具体意义是什么？

胡：传统的乡村发展模式往往局限于农业生产。比如，苕溪北八村虽然有 3 万亩稻田，但之前很少有人知道这片土地的存在。即使投入大量资金改善农田，如果没有品牌化的推广，依然无法链接市场和消费群体。品牌的意义就在于，让乡村发展模式发生根本性改变，从"暗处抛媚眼"到"站在聚光灯下"。

蒋：确实，品牌不仅能提升农产品的附加值，还能融入文化元素，让消费者感受到土地的美丽和产品的独特价值。通过品牌化运作，永安村的稻田从无人问津变成了城市消费者的关注焦点，这正体现了品牌赋能的重要性。

品牌化是城乡融合的桥梁

问：永安村的成功有哪些关键因素？

蒋：永安村的成功离不开城乡统筹的时代背景。它位于杭州城郊，既能吸引城市流量和消费，又能保持乡村的特色。这种发展模式精准踩准了时代的节点，成为城乡融合的典范。

胡：政府的投入和支持也是关键。基础设施建设、政策扶持以及品牌推广的投入，为永安村的发展奠定了坚实基础。更重要的是，乡村自身要通过市场化运作，将资源转化为可持续的发展动力。

问：听说最初设计"稻香小镇"品牌时遇到了一些问题？

胡：没错！最初我们设计了"稻香小镇"的品牌概念，但由于"特色小镇"已成为国家发改委的专有名词，不能随意使用，最终不得不改为"禹上稻乡"。虽然这一改动让品牌传播出现了一定的断层，但从市场化角度来看，"禹上稻乡"更贴合实际，更容易与杭州市民的消费需求链接。

蒋：品牌运营的前置性和持续性非常重要。如果没有一个能落地的运营团队，再好的品牌设计也无法发挥作用。刘松这批乡村 CEO 的出现，正解决了这一问题，让"禹上稻乡"品牌得以顺利推广。

问：能否举例说明如何通过品牌运营促进城乡融合？

胡：在品牌运营过程中，我们设计了一些创新项目，比如让阿里巴巴的高管认养稻田。这个项目不仅吸引了大量关注，还自然形成了城乡互动的效果。第一年的开耕节就吸引了 2 万多人参与，展现了品牌化运作的显著成效。

蒋：品牌化不仅仅是农产品推广的手段，更是城乡融合的桥梁。通过市场化的运作和政策体系的结合，我们成功解决了城乡统筹中的诸多问题，为乡村发展探索出了一条新路径。

问：能否总结一下永安村品牌化发展的几个阶段？

胡：永安村的品牌化发展可以分为四个阶段。第一个阶段是 2018 年，我们进入调研，并在 2019 年上半年完成了品牌设计的交付。第二个阶段是 2019 年，从"稻香小镇"调整为"禹上稻乡"品牌。第三个阶段是 2020 年，刘松他们作为乡村 CEO 介入运营。到了第四个阶段，蒋老师所在的《农民日报》的关注，进一步推动了品牌的发展。这条线索非常清晰。

蒋：数据也能说明问题。2019 年永安村的集体经济收入不到 30 万元，而 2020 年就开始显著提升，正是得益于品牌化运营的效果。

问：引入乡村 CEO 这个群体的是基于怎样的考虑？

胡：这个问题可以余杭区的"百园农业"为背景来理解。当时余杭提出了打造 100 个农业园区的计划，核心理念是企业化、市场化、品牌化和文旅化。这些园区需要企业来运营，而不仅仅依靠政府投入。在这样的背景下，引入乡村 CEO 就成了顺理成章的选择。

蒋：余杭区的农业发展模式与北方不同，这里无法走规模化大农业的路子。因此，发挥毗邻杭州主城区的区位优势，链接消费市场，就成了余杭发展特色农业的关键。乡村 CEO 的引入正是为了推动这种市场化运作。

问：在推动市场化的过程中，是否遇到过一些挑战？

胡：确实如此。比如"百园农业"在保护农田和市场化开发之间出现了矛盾。一些投资者在农田上建设消费场所，导致耕地被破坏。当时有几位浙江大学教授找到我们，希望向有关部门反映这一问题。虽然余杭区在保护农田上做了很多努力，但还是有些投资人血本无归。

蒋： 尽管如此，余杭的市场化基因依然很强。比如径山的茶产业发展，最近出台的政策明确提出要推动茶园变庄园、企业化运营。这些理念与"百园农业"一脉相承，展现了余杭农业的持续创新。

问：如何评估永安村目前的市场化程度？

蒋： 永安村的成功有时代因素，天时、地利、人和都发挥了作用，品牌化更是其中的灵魂。政府的投入、媒体的关注和社会资源的导入，让这个样板得以破土而出。但从市场化角度来看，依然存在隐忧。

胡： 余杭区农业农村局一位主管领导曾说过，永安村名气越大，他越担心，因为品牌的成功还未能完全转化为市场的认可。未来的关键在于如何让市场化道路真正走通。

问：在推动永安村品牌化过程中，是否存在一些未实现的规划或遗憾？

胡： 确实有一些遗憾。比如我们当初设计的白鹭 IP，它不仅是永安村生态的象征，也是品牌的核心元素。我们在规划中设计了白鹭相关的文创产品，比如抱枕、充气白鹭等，甚至设想在稻田里放置巨型白鹭装置。但遗憾的是，这些想法至今未能落地。

蒋： 白鹭 IP 的缺失其实是品牌理念未能深入理解的表现。一些更泛化的元素，比如大猩猩草垛，反而被引入了。这与我们最初希望通过白鹭传递的生态价值和文化内涵相去甚远。

问：为什么会出现这种情况呢？

胡： 原因可能有多方面。一是对品牌的理解还不够深刻，很多人认为有了 Logo 就有了品牌，但实际上品牌需要更系统的落地和持续的强化。二是现实中存在其他更紧急的事务，比如接待参访团队或应

对话

对市场压力，导致品牌建设被边缘化。

蒋：另外，乡村 CEO 在具体运营中可能更关注短期效益，而忽视了品牌的长远价值。这是很多乡村品牌化过程中的共性问题。

问：有没有办法在未来重新强化白鹭 IP？

胡：可以尝试将白鹭与数字化技术结合，比如通过动态影像或数字化技术展现白鹭的飞行。有些摄影师拍摄的白鹭作品也可以作为灵感来源，进行二次创作。此外，白鹭还可以作为文创产品的核心元素，吸引更多消费者。

蒋：最重要的是，要在八村联动的规划中明确白鹭 IP 的定位，并通过持续的文化创生，让这一 IP 与八村的生态和文脉深度绑定。

问：永安村在未来的品牌化道路上，还有可能遭遇哪些挑战？

蒋：最大的挑战可能是，如何在市场化过程中保持品牌的独特性和文化深度。目前来看，这里的品牌建设还未真正融入生产和生活中，更多停留在表面。

胡：是的，品牌是综合竞争力的体现，只有通过系统化的运营和文化输出，才能真正深入人心。

问：如何进一步提升品牌的深度和落地效果？

胡：首先，乡村 CEO 的培训需要加入美学和品牌方法论的内容。品牌不仅是 Logo 或名字，更是一种思维模式，需要从消费者视角出发，理解他们的需求和情感。其次，设计单位和运营团队需要更紧密协作，确保品牌理念在每一个细节中得到体现。

蒋：此外，品牌建设需要长期的耐心和投入，不能急于求成。比如，永安村的"稻色心永安心"理念，提炼得非常精准，但需要持续落地方能深入人心。

问：两位老师对永安村未来的发展有什么建议？

胡：首先，要重新梳理品牌的核心价值，强化白鹭 IP 的应用。其

开放的生态与文化交融的空间。

　　蒋：胡老师提的这个人文湿地的概念很有启发性。它不仅仅是自然生态的延伸，更是一种文化生态的表达。通过这种方式，八村可以形成独特的文化符号，吸引更多人来体验和参与。

　　问：怎样理解"人文湿地"这个概念？

　　胡：人文湿地是一个融合了自然生态和人文生态的复合体。它既是一个生态空间，也是一个文化空间。人们可以在这里自由表达、相互涵养，形成一种独特的生态多样性。比如，八村的稻田不仅是一个农业生产场所，更是一个文化表达的载体。

　　蒋：北湖人文湿地这种概念与西溪湿地不同，西溪湿地更多强调自然生态，而北湖人文湿地则更注重文化的积淀和互动。通过这种方式，八村可以成为杭州城市品牌中的一块独特拼图。

　　问：人文湿地是一个内涵丰富的发展愿景，听起来也非常吸引人。那么，怎样推动它的落地实施呢？

　　胡：首先，需要在规划中明确北湖人文湿地的定位和发展路径。其次，可以通过文化活动、艺术展览、生态旅游等方式，吸引更多人参与和体验。最后，需要建立一个开放的平台，让不同背景的人都能在这里找到自己的归属感。

　　蒋：此外，还需要通过品牌化手段，将北湖"人文湿地"的概念推广到更广泛的受众中。

　　问：两位老师对未来八村的发展有何期待和展望？

　　胡：我希望八村能成为一个自由、开放的生态与文化交融的空间，吸引来自不同背景的人在这里生活、工作、创作。

　　蒋：八村的发展还需要在市场化与文化积淀之间找到平衡。既要通过市场化手段提升经济效益，又要通过文化积淀形成独特的品牌价值。最终，八村可以成为一个与杭州城区既有联系又迥然不同的独特存在。

金连登：
推动农业向智慧化、智能化方向发展

对话人物

金连登，原中国水稻研究所研究员，原农业农村部稻米及米制食品质量监督检验中心原书记兼执行主任，是水稻领域的深耕者，也是"三品一标"农产品专家组的核心人物。现为中国绿色食品协会稻米产业专业委员会名誉主席，担当推进稻米全产业绿色发展的崇高职责。

传统农业向现代农业的转型探索

问：金先生，您能详细介绍一下余杭地区优质稻米示范基地的建设背景和前期合作情况吗？

金连登（以下简称"金"）： 当然可以。最早要追溯到 1998 年或 1999 年，余杭希望打造浙江省的优质稻米示范生产基地。当时我对余杭并不熟悉，但因为有很多同学在这里，包括当时的市长，所以对这里有一定的了解。余杭以农业为主，尤其是水稻种植，原有 5 万多亩水稻。当时余杭镇政府的副镇长和农业技术推广中心主任到中国水稻研究所寻求合作。1999 年下半年，他们来我们所里，希望引入优质品种，调整农业结构。我当时是中国水稻研究所的书记兼执行主任，负责接待，并安排专家组到余杭考察。2000 年，双方签订了优质稻米生产示范基地合作协议，建立了试验基地，推广了一二十个优质品种。2003 年，农业部推出无公害食品行动计划，余杭示范基地对接了浙江省无公害水稻示范基地项目，后来这一项目还被纳入浙江省科技厅和农业厅的"8812"计划（后改为"9410"计划）。

问：在合作过程中，您对哪些人或事印象特别深刻？

金： 有很多印象深刻的人和事。比如张水宝，2002 年，他当时刚当永安村的书记，非常有魄力，希望通过土地整治提升农田的标准化和规模化水平。还有原余杭镇农业技术推广中心的主任周勤，他退休后继续经营加工厂和屠宰场，我们也一直保持着合作。此外，我还推荐周勤与黑龙江鸡西市鸡东县建立 10 万亩南北对接无公害水稻生产基地，解决浙江省的粮食保障问题。我推荐鸡东县，是因为那里有 100 多万亩水稻，划出 10 万亩没问题，而且铁路交通便利，可以通过铁路运输原料。于是，余杭与鸡东县签订了合作协议，建立了南北对接的无公害水稻生产基地，合作维持了大约 5 到 6 年。

对话

问：为什么选择在东北建立绿色和有机水稻基地？

金：这是因为当时余杭的土地条件不适合发展绿色和有机农业。当时余杭的土壤和农民的观念都不够成熟，农民更注重产量，而非品牌化。周勤的加工厂面向市场，他意识到绿色和有机食品的趋势，于是在东北找了一家有机和绿色生产企业，帮助他打造了绿色和有机水稻生产基地，并通过了品牌认证。东北的自然条件更适合绿色和有机农业的发展，尤其是黑龙江的黑土地，土壤肥沃，污染少，非常适合种植高品质的水稻。

问：您能谈谈余杭地区农业生产方式的转变过程吗？

金：最初这里完全是粗放式的传统小农经济，以化学农业为支撑，追求产量为目标。农户种植的水稻品种以杂交稻为主，田块参差不齐，没有园田化。耕作主要依靠手扶拖拉机，插秧也是手工操作，一户人家通常种植一两亩地，集约化程度很低。2002年，周勤开始推进土地流转和结构调整，出现大户承包的模式。不过那时候的"大户"和现在的"大户"概念不一样。那时候一些农民不愿意种地了，就把自己的地交给别家种，那时候的承包户大概也就有二三十亩地，年底给土地主人一些口粮，至于地怎么种就由承包户决定。土地整治和结构调整主要集中在2012到2015年之间。后来永安"稻香小镇"的建设也延续了这个思路，逐渐向现代农业转型。

问：您在永安"稻香小镇"推广优质水稻种植进展顺利吗？

金：2019年永安"稻香小镇"正式启动后，我多次来考察。2021年，我见到了一个种粮大户，他承包了2000多亩地。我给他推荐了三个优质品种，并详细设计了栽培技术方案，包括合理密植、病虫草害防治和投入品使用等。我叮嘱他在种植过程中及时反馈情况，我会定期来观察。遗憾的是，这个大户没有完全按照我的建议操作。他的种稻水平很高，但对优质品种的理解不深，依然沿用高产思路，结果产量和品质都没达到预期。比如有一片地因为地势低洼被水淹了，他也没按我说的管理方法去做。后来我跟周勤说，有些大户太固执了，这事儿就算了。

推动绿色农业和智慧农业发展

问：您对永安"稻香小镇"的现代农业发展提出了哪些具体建议？

金：我主要提了三个方向：第一，引入优质品种，建立试验示范园。我们与浙江省农业科学院、浙江大学和中国水稻研究所合作，提供了包括特种彩稻在内的优质稻种，为稻香小镇的品种优化提供了技术支持；第二，推广绿色农业生产资料，替代传统化学投入品。我们邀请专家在此试验，推动微生物菌肥等绿色投入品的应用，探索更环保的农业生产模式；第三，建立品牌和企业标准，提升竞争力。企业标准是核心竞争力的要素，我们正在制定一系列标准，为稻香小镇的绿色化生产提供依据和规范。

问："稻香小镇"在品种选用和育秧技术方面有哪些提升空间？

金：在品种选用方面，我们需要通过田间试验筛选出 2 到 3 个优势品种，这些品种应在品质、产量和抗性方面表现优异。如果连续三年种植常规品种，品种会退化，影响产量和品质。因此，品种的筛选和更新是一项长期工作，需要持续的技术支持。

在育秧技术方面，集中育秧尤其是工厂化育秧，是现代农业发展的趋势。稻香小镇已经具备了条件，接下来要将其纳入农事服务体系。通过集中育秧，可以提高秧苗的质量和效率，同时降低生产成本。育秧的每一个环节都非常重要，从种子选择、消毒到催芽，都需要严格把控。现代育秧技术使用专门的消毒剂，能够更有效地杀灭病菌，这比传统的小苏打水或盐水泡种方法更为科学有效。

通过这些措施，稻香小镇将进一步优化生产流程，提升稻米品质和产量，为全国稻米产业的高质量发展提供示范。

问：目前，"禹上稻乡"的企业标准制定进展如何？这些标准对现代农业发展有何意义？

金：目前我们正在重点推进两个标准：《禹上稻乡绿色化水稻生产区域范围与产地条件建设技术通则》《禹上稻乡绿色食品水稻种植技术应用控制规程》。这两个标准分别针对产地规划建设和绿色稻米生产技术流程，目前已提交第二稿，计划2025年4月召开审定会，5月正式发布并备案。这些标准是推进绿色化生产的关键，也是形成闭环管理的基础。我们计划在3到5年内形成一个包含20多个标准的企业标准体系，涵盖产地条件、生产技术和质量管控三大类，为"禹上稻乡"可持续发展提供系统化支持。

问："禹上稻乡"如何应对稻米消费需求下降的挑战？

金：尽管目前在消费市场上稻米直接食用量在下降，但从国家粮食安全战略角度，稻谷种植面积和产量必须保持稳定。我们主要通过精细加工和深加工来应对这一挑战。"禹上稻乡"已推出米酒、速食米制品等产品，未来还将探索从大米中提取营养成分，如维生素、蛋白质和微量元素，进一步提升稻米的经济价值。这些举措不仅能延长产业链，还能提高附加值，为"禹上稻乡"的长期发展提供新的增长点。

问："禹上稻乡"的企业化运作模式有什么特点？

金："禹上稻乡"的生产已经实现了企业化运作，形成了一套自有的产业体系。它不是依靠招商引资引进龙头企业，而是自主发展起来的。比如运行管理公司和生产板块的公司，都是自成体系的。这种模式更接地气，更符合乡村产业振兴目标。它不仅基于本地的资源和需求，还与村民的利益直接相关，更具生命力。这种自主发展的企业文化是"禹上稻乡"的重要特色，也是乡村振兴的成功案例。

问："禹上稻乡"未来发展的关键是什么？

金：乡村振兴的主力军是农民，"禹上稻乡"的发展离不开农民的支持。张水宝书记在处理与农民的关系上很有办法，他通过人品、素养和利益共享赢得了农民的信任。未来无论是谁来接替张书记，都要延续这种思路，确保规划落地。此外，智慧农业是未来趋势，无人化设备、智能管理系统和 AI 技术的应用将大幅提升生产效率。"稻香小镇"需要重点关注这些技术的引入和应用，推动农业向智慧化、智能化方向发展。

人文文化是"禹上稻乡"发展的内在动力

问：此地地理环境对水稻种植有什么影响？

金："稻香小镇"所在的区域是一个洼地，也是湿地，位于南湖和北湖之间，是重要的防洪蓄洪区域。这里水路众多，苕溪是主要水源。这种湿地的特点非常适合水稻种植，因为水稻需要充足的水源。同时，这里的地理环境也为防洪蓄洪提供了天然条件，是区域水系的重要组成部分。这种地理环境不仅是水稻种植的天然优势，也是"稻香小镇"生态农业的重要基础。

问："禹上稻乡"在生态建设和绿色化生产方面有哪些具体举措？未来有什么计划？

金：在生态建设方面，"禹上稻乡"通过绿色化生产方式维护生态安全。我们会逐步减少化学物质的投入，寻找绿色化、能源化和微生物化的替代技术。例如，去年我们在永安村开展了 200 亩试验田的对比试验，对比不同化肥减量指标下的效果，结果显示即使有旱灾，试验田块的产量仍实现了不同程度的增长，最高增产 6.5%。这些成果表明，绿色化生产不仅能降低成本，还能提高效益。

此外，我们还通过打造生态防护林、推进稻田周边绿化等方式，维护生物多样性，形成一个良性循环的生态系统。生态防护林不仅能绿化环境，还能吸引有益的鸟类和其他生物，进一步促进生态平衡。很多人认为防护林与生产区域无关，这是一种错误的理解。防护林和绿化是生态布局的重要部分，它们为生物多样性提供了基础条件。

未来 3 到 5 年，我们的目标是实现水稻"禹上稻乡"绿色化生产和生态建设的全面升级。到 2028 年，稻香小镇的 3 万亩土地将全部按照绿色化标准运作，同时文化氛围和生态系统也会同步完善。

问：稻作文化在浙江有着深厚历史，能否谈谈您的理解和看法？

金：稻作文化是中华文明的重要组成部分，而浙江是稻作文化的发源地之一。河姆渡文化出土的炭化稻谷有 7000 年历史，良渚文化更是稻作文明的重要代表。浦江的上山文化则将稻作文化追溯到了 1 万年前。这些考古证据表明，浙江在稻作文化的发展中占据了重要地位。传统农耕文化的具体体现也在于细节，比如收割稻谷时使用的镰刀，割几寸、留多少稻根都有讲究。晒稻谷、打稻、脱粒等工序，以及石臼、木棒等工具，都是稻作文化的载体。我建议"禹上稻乡"建一个农耕文化馆，展示稻作生产的历史过程，从野生稻到栽培稻的演变，从手工收割到机械化生产的进步。还可以展示传统农耕工具，如镰刀、石臼、木棒等。还可以结合现代农艺技术，展示田块的园田化、合理密植、行间距调整等技术，让游客了解现代农业文化的进步。

问："禹上稻乡"在人文文化方面有哪些体现？

金：人文文化应该才是"禹上稻乡"的灵魂。比如张水宝书记，他不仅是永安"稻香小镇"的推动者，更是"禹上稻乡"人文文化的代表。他的精神、情怀和事业心，都是这片土地发展的重要动力。此外，重要的种粮大户们也展现了这种人文文化的魅力。人文文化以"人"为根本出发点，核心在于人文精神的塑造与传播。它倡导尊重个体价值、关怀生命意义，追求真善美的统一。这种文化不仅体现在个人的努力上，也体现在整个村落文化的发展中，比如村镇道路的建设、卫生设施的完善、文化大礼堂的建设等。总之，这种人文文化也要成为"禹上稻乡"发展的内在动力，是八村组团共富的重要支撑。

"稻田守望者"推动科技与文化的融合

问：2024 年"稻香小镇"被"稻田守望者科技文化创新园"评授，您能讲讲创新园是如何推动现代农业发展的？

金：这是一个以科技支撑和文化赋能为核心的创新园。我们在优质品种筛选方面做了大量工作，引入了浙江省农业科学院、浙江大学和中国水稻研究所的优质品种，比如彩稻不仅增加了观赏性，也为特种稻米的生产提供了新思路。同时，我们还试验了绿色投入品，通过比对应用，寻找最佳的农业生产资料。创新园不仅是技术试验的基地，也是推动绿色农业和智慧农业发展的核心平台。

问：请您详细介绍一下"稻田守望者"项目及其核心目标？

金："稻田守望者"是中国绿色食品协会稻米产业专业委员会推动的一个项目，主要聚焦于推动稻米产业的现代化发展。它不仅对接国家乡村振兴战略，还通过科技与文化的深度融合，支持产业振兴。我们注意到，当前市场上大米产品虽多，但缺乏新技术支撑和文化赋能。因此，我们提出了打造"稻田守望者科技文化创新园"的理念，旨在通过科技引导和文化注入，提升稻米产业的核心竞争力。

去年，全国评选了 12 家稻田守望者科技文化创新园，其中几家正处于创建培育阶段。人物方面则评选了 35 位"稻田守望者"，包括张水宝这样的典型代表。比如，东北五常的一家创新园已经建成北方稻米科技文化馆，展示了稻米科技文化的历史、栽培技术、现代科技应用以及加工产品，为其他地区提供了很好的借鉴。宁夏也有一家类似的创新园，其展示了成型的案例和经验。这些成功案例为全国稻米产业的发展提供了宝贵的示范。

我们计划召开一个全国性的经验交流会，邀请各地的创新园代表参与，相互借鉴学习。永安"稻香小镇"如果能在文化挖掘和科技应用方面更进一步，完全有希望成为全国乡村振兴的典范。

问："稻田守望者"如何体现科技与文化的深度融合?

金： 科技与文化的融合是"稻田守望者"项目的核心之一。具体来说，科技支撑体现在现代科技的应用上，比如通过智能化、技术优化稻米种植流程，提高产量和品质；文化赋能则体现在文化传承与创新上，比如通过稻田画等文化艺术赋能等方式，展示稻作文化的魅力，同时赋予其现代意义。

乡村振兴不仅仅是简单的农事体验，比如插秧、摸鱼等活动，这些只是浅层次的体验。我们需要让游客看到更深层次的内容，包括科技应用的成果、文化传承的历史，甚至是精神层面的教育。只有科技与文化的深度融合，才能真正推动绿色稻米产业的可持续发展。

问：您提到过"稻田守望者"有八种精神，能否详细介绍一下?

金： 这八种精神是我们通过对"稻田守望者"人物的特质进行提炼，总结出的品牌核心价值。首先是粮食安全的守护者精神，强调坚守国家粮食安全战略；其次是端牢饭碗的责任精神，即将中国人的饭碗牢牢端在自己手上；三是创业实干的奋斗精神，体现吃苦耐劳、脚踏实地的品质；四是科技创新的探索精神，强调现代科技的应用与优质品牌的建设；五是模式开创的开创精神，倡导因地制宜，研发新的生产技术模式；六是文化传承的践行精神，旨在对接区域特色稻米文化，推动传承与创新；七是乡村振兴的表率精神，强调促进乡村振兴和稻米产业振兴；最后是培育新农匠的情怀精神，致力于培养新一代农人，传承稻作文化。

这些精神正是张水宝等"稻田守望者"所具备的品质，也是我们推动绿色稻米产业发展的核心理念。

问：您提到"端牢饭碗"的概念，具体如何理解？它为什么如此重要？

金："端牢饭碗"是一个与国家粮食安全紧密相关的概念。中国有14亿人口，稻米作为主粮之一，其自给自足能力直接关系到国家的稳定与发展。如果我们不能保障粮食的自给自足，一旦遇到自然灾害或国际形势变化，就会面临"卡脖子"的问题。

从数据来看，中国对每年大米进口没有限制，但对出口是严格控制的，通常年度配额为300万吨。如果我们出现粮食缺口，其他国家可能会断供或涨价，这不仅影响食用安全，还会影响深加工产品的原料供应，比如年糕、粽子、黄酒等。此外，粮食也是一种战略武器。在全球缺粮的情况下，粮食的重要性甚至堪比核武器。因此，我们必须紧抓粮食安全不放，确保"饭碗端牢"。

闻佳：
从土地到心灵的双重耕耘

对话人物

闻佳，阿里巴巴合伙人，余杭街道义桥村半冷农场创始人。半冷农场秉持"自然与健康"的理念，致力于提供高品质的有机食品。闻佳也是半暖公益项目发起人，通过正念课程以及 AI 工具"小暖"，帮助女性走出心理困境。她在乡村与城市之间架起了一座桥梁，为女性提供了从食物到心灵的全方位支持。

半冷农场：一种"美好食物"的实践

问：您好，能否请您谈谈"美好食物"的理念？做这件事的初衷是什么？

闻佳（以下简称"闻"）： 这件事其实是一个又傻又天真，但又持久的事儿。最开始，我的发心很简单，就是想让自己吃得健康一点。但在中国，"健康"这个概念非常泛泛——是吃不死叫健康，还是农药少一点、绿色一点叫健康？到底什么才是真正的健康？

对我自己来说，我可能比较极致，我觉得"有机"才是健康的东西。但说实话，在中国，如果有人跟你说"有机"，尤其是大规模的有机，我最初也是不信的。我自己种过地后更觉得，大规模的有机基本上不太可能。

当时我也是无知者无畏，觉得找个有机的地方种菜就行了。我们最早的想法很小，就是自己吃饱就够了，所以想找个 5 亩地。但后来发现，5 亩地太难找了。在城乡结合部，土地基本都被大农庄收了，国家政策和补贴也支持了他们。后来，我看到的基本都是 100 亩、200 亩的地。

这背后有几个原因：第一，我觉得必须自己种才放心，这可能是我自己的认知有限，或者是一种怀疑论，觉得别人的可能不可靠；第二，确实也是无知，从来没种过地，以为种地很简单，低估了农业的复杂性和农民的不易；第三，我想找离家近的地方，比如余杭附近。我们最终选择了余杭街道义桥村外大坞水库附近的地块，因为水源干净，环境好，离城市不远，周围没有工业区，土地都是种水稻等农作物的。

后来我就让小斐（半冷农场负责人母鹏斐）过来开始折腾。他是个山东人，虽然是农业大省出身，但从来没种过地。刚开始，农民告诉我们这里的地种不出菜，但我们还是坚持去挖土、翻土，甚至挖到

70 公分深，才让土地有了足够的营养。

水源也是一件很重要的事。当时有两个选择：一是从山下水渠取水，二是从水库直接接水。我坚持选了水库的水，花了十几万元接了一千多米的封闭式水管，让我们的农场有了很好的水源，也注定了农场规模不会太大。

问：在进行有机种植的过程中，农场遇到了哪些挑战？

闻：坚持有机种植真的太难了。我们有意识地不给农场任何涉及农药化肥的预算，禁止购买任何农药化肥，甚至连鸡粪都不能用，因为很多鸡是吃激素的。我们使用纯有机肥料，比如食草动物的粪便和菜籽饼。我们附近的养羊场每两年会给我们提供粪便检测报告，确保没有重金属、抗生素等问题。之前我们试过从内蒙买羊粪，但发现里面掺了土，碱性太高，后来就改用本地的羊粪了。这里的羊是用中药渣喂养的，羊粪肥效虽低，但更安全。

农民告诉我们，种有机菜需要轮休土地，还要经过三年的过渡期才能拿到有机认证。这期间我们经历了很多尝试和失败。最开始，我只是想把菜种出来自己吃和送给朋友们吃，但后来发现成本太高了——采摘、打包、快递、冷链，每一环都是巨大的开销。我送了两年多后，实在撑不住了，只能通知朋友们不再免费送菜。

慢慢地，我们摸索出了一套精细化的种植逻辑。农民传统的种植方式是一次种一种作物，但我们在一小块土地里种 7—10 种菜，确保每天都有新鲜的菜。这需要把一种菜分成好几批种植，比如青菜要周一、周三、周五分批种，才能保证每天都有新鲜的供应。这是一个非常复杂的排列组合。

我还尝试过用科技手段来解决这些问题，比如安装探头和自动灌溉系统，但后来发现这根本不现实。农业的科技程度还是有限，最终还是要靠农民的经验。他们看天就知道今天要不要浇水，要不要做什么。山东有家农业公司的董事长来看过我们的农场后，他说我做了一件很多人都想做但又做不到的事。因为成本太高，管理太复杂。比如，一个棚里种了青菜和西葫芦，青菜不需要浇水的时候，西葫芦可能需要浇水，这种精细化管理是非常困难的。

除非你把农民全部换成产业工人，但这又违背了农业的本质。农民的经验和观察力是科技无法替代的。所以，农业的本质还是人，是靠农民的知识和努力。

问：提到有机农业的数字化，能否详细谈谈你的想法？

闻：理想化里，我一直觉得有机种植方式应该是可以数字化的。农民的经验很好，但都在他们的脑子里，缺乏系统化的记录。比如，我们经常遇到这样的情况：两个月后要收成时，农民突然说某一亩地种不出来，原因是水少浇了。为什么会少浇？因为那天太忙，来不及浇水。这种情况根本无法控制。

我认为应该有一个系统，能够实时监测湿度、温度，并在需要时通知农民浇水。农民不是凭经验浇水，而是由系统提示。浇水后，摄像头可以记录是否完成了操作，这样就能形成一套完整的体系，并且积累所有数据。比如，黄瓜种植的时间、施肥的时间，这些都应该有系统记录。

但实际操作中太难了。种地的人根本不愿意做这件事。如果你从外面派个人去做，他其实也做不好，因为他需要每天跟着农民，记录每一个操作。理想情况下，农民自己应该在每次浇水后输入信息，让电脑分析并提醒下一次的操作。但这个系统至今没能实现，连小斐都不愿意做。

问：数字化对农场的可复制性和规模化有什么帮助？

闻：如果能把这套数字化体系做出来，我认为它可以复制给其他农场，帮助更多人实现有机种植。但目前，我们所有的经验都还停留在农民的脑子里，这是我比较郁闷的地方。

我曾尝试将农场商业化，但这更加复杂。农民连数字化都不愿意做，更别提商业化了。比如，我们的农场产量不大，但如果要把菜供应到超市，超市要求每天都有稳定的供应量，而我们无法保证。供应链也变得复杂，涉及入库、配送等问题。

后来我们尝试会员制，认为一些人愿意为健康多花点钱。但实际情况是，大家并不认为健康食品应该那么贵。消费者无法理解，为什么我们花了上千万去搞农场，才能种出健康的食物。连我爸都不理解，前两天我爸就跟我讲你不要做了，你种的菜还没有门口超市里卖的好嘞，我差点气出一口老血，但你没办法，他代表的是很多人的想法。

问：那如何应对这些挑战，尤其是在成本控制和市场接受度方面？

闻：我一直在努力降低有机农业的成本。刚开始时，一斤菜要卖三十几块，现在降到 10 块以内，基本上可以打平成本。如果能进一步降到 5 块，可能就有市场了。

目前，我在淘宝上开了一个公益店铺，让需要的人自行购买。我不再强求商业化，而是把农场的成本降到最低，尽量减少亏损。现在，农场每年大概还要投入 100 多万元，主要用于自己食用和一些公益性质的销售。我们每周会为支持我们的大客户送一两次菜，这些客户大多是个人，也有餐厅和亲戚朋友。另外，我们还通过公益平台提供"蔬菜盲盒"，客户只需支付快递费和包装费，就能收到 5 个品种的蔬菜。这些盲盒里的蔬菜都是当日产出的，既避免了浪费，也让更多家庭能品尝到我们的有机蔬菜。

问：农场运营中与当地村民的关系如何处理？

闻：这是一个很难搞的问题。我们的大棚是通过政府批地建设的，本质上与周边村民没有直接关系，但我们仍然需要处理大量与村民的纠纷。他们的思维方式很多时候令人难以理解。比如，他们会觉得你开了个菜园，我来拿两把菜很正常，完全没有物权的概念。

有一次，一个村民来拿菜，我们不让他拿，他就直接躺倒在我们的菜园门口。还有人开着小三轮来拿菜，觉得这是理所当然的。你要在这儿活下去，不可能跟他们吵架，一旦闹大了，整个村子的人都会对付你。

我们的农场管理者母鹏斐后来直接搬到村里住，把自己混成了村民。这样至少能少交一些"保护费"。这件事情让我意识到，城里人想搞农业真是太难了。小斐是退伍兵，2017年通过战友介绍来到农场，起初帮我们管司机、厨师这些事，后来全身心投入农场管理。他责任心强，执行力也很好，特别擅长处理与村里的关系。如果没有小斐，这件事根本做不成。

问：农场的主要业务和出口是什么？农场现在的经营情况如何？

闻：半冷农场主要有几个出口：第一是自己、亲戚朋友和一些公益支持者用；第二是供给餐厅。我们做有机蔬菜供应已经三年了，客户也渐渐形成了认知，知道这是一个有机产品；第三是淘宝上的公益店铺，去年卖了2万斤；第四是多余的菜送给盒马的外卖小哥，让他们分发给需要的人。

此外，径山寺那边的蔬菜也是委托我们种的，每年从我们这儿采购7万多斤有机蔬菜。我觉得做这些事情是有福报的，虽然没什么大的志向和情怀，但守住这一亩三分地，坚持下来还是有意义和价值的。

去年我们尽量把亏损降到最低，大家也很满意，不仅满足了自己家的用菜需求，还能让更多人享受到健康蔬菜。

问：你对有机农业的未来怎么看？

闻：我认为有机农业在中国的发展仍然面临很多挑战。农业本质上是一门艺术，尤其是在维护有机环境方面。虫子一来，可能一亩地就没了，产量很难固定。目前，中国的有机农业大多是小规模的，很难实现产业化。

但我相信，这是一个时间问题。过去我们主要解决温饱问题，追求产量，所以依赖农药和化肥。随着高净值家庭的增多，大家对健康的需求会逐渐增加。不过，真正有机食品的成本依然很高，不是所有人都能消费得起。中国要走向健康的饮食之路，还需要时间和意识的转变。只有当更多人意识到健康饮食的重要性，有机农业才有可能真正规模化、产业化。在这之前，我只能坚持自己的理念，尽力做好农场，哪怕只是小范围的尝试。

我相信，中国有一天也会像欧美和日本那样，对有机食品有更高的认可度，但这需要时间。欧美国家的有机食品到现在也很贵。我目前面临的另一个挑战是如何提升种植技术。

我之前也跟小斐他们说过，希望有机会让他们去日本学习，他们能把土壤养得很好，又黑又松，土壤中有很多真菌，这让我很感兴趣。

现在，农场已经成了我的一种热爱。每次看到黄瓜、番茄可以摘，萝卜可以拔，我觉得太幸福了。我也经常跟小学生讲，他们应该来农场看看，体验一下种菜的感觉。城里人离农村太远了，与土地有连接，人才会变得更健康。我觉得人需要与土地连接，需要出汗。如今很多人远离土地，其实是很危险的。当我们与土地有连接时，心情也会变得不一样。

问：半冷农场未来有什么计划呢？

闻：我觉得有机农业更像是一种奢侈品，未来可能只服务于少数高端消费者。如果能控制品种数量，做好成本和利润的平衡，可以做到不亏钱，但要靠这个赚大钱，难度很大。我希望农场能更热闹一些，吸引更多人关注有机农业，尤其是那些愿意支持我们的人。如果能通过会员制或其他方式减少亏损，我们就很满足了。毕竟，有机农业不仅是一种生产方式，更是一种生活态度。

闻佳：从土地到心灵的双重耕耘

问：你在半冷农场还设了一间冥想室，这出于什么考虑？设计理念是怎样的？

闻：冥想室的氛围非常宁静，有一棵粗壮美丽的金丝楠木躯干作为核心，还有舒缓的音乐。人们可以在这里静坐一小时，与树对话，把心事倾诉出来。我在墙上准备了便签纸，人们可以把想法写下来贴上去，还可以看到别人的感悟。这个空间不仅是一个冥想的地方，更是一个让人释放情绪、找到内心平静的场域。

冥想室的设计源于我对自然能量的信念。这是一棵非常有能量的树，关于它为什么会到了半冷农场，为什么会以现在这样的状态出现是有故事的，这个故事让我开始理解，人生中总会做出一些不可逆转的决定，但我们要学会接受它们，而不是陷入后悔和自责。

半暖公益：点亮内心固有的光

问：能否分享一下创立半暖公益的初衷和背后的故事？

闻：半暖公益是我特别想讲的一件事。它的起源与我自己的一段经历有关。2016 年，我经历了一段非常焦虑的时期，整整半年才走出来。在那段时间里，我得到了很多人的帮助，尤其是那些在深夜愿意接我电话、听我倾诉的朋友。

那时我尝试了很多方法，比如瑜伽、音波疗法、香薰等，甚至去看了心理医生，但他们无法提供真正的帮助。我甚至试过催眠，但后来觉得那简直是骗钱。

那个阶段，我感觉自己像在水里要沉下去了，什么都想抓住，哪怕只是浮出水面吸一口气。后来，机缘巧合，我终于想通了，走出了焦虑。回顾那段时期，我特别感激那些帮助过我的人，也深刻理解了那些经历至暗时刻的人的痛苦。

问：这段经历如何促使你创立半暖公益？

闻：走出焦虑后，我萌生了帮助他人的想法，尤其是那些经历过或正在经历类似黑暗时刻的人。我觉得他们太需要帮助了。一开始，我只是想着要成立一个组织，但真正下决心去做并不容易。

直到有一次，我们北京的一个同事跳楼了，这件事对我触动很大。我意识到，我一直在说要帮助别人，却始终没有行动。于是，我下定决心，无论多难都要做这件事。

问：半暖公益的核心理念是什么？为什么选择这个名字？

闻：半暖这个名字其实有很多深意。我之前在商业上想做"半冷半暖"，但"半暖"在商业领域注册不了，却在公益组织类目成功注册了。我觉得这个名字特别合适，因为它传达了一个理念：我们只能帮别人一半，剩下的一半要靠他们自己。

半暖公益的核心理念不是提供心理咨询，而是激发人们内心的力量，让他们自己面对困难。我不相信心理医生能完全解决问题，我认为真正的改变来自个人的内在力量。

问：半暖公益具体做了哪些事情？

闻：我们尝试了很多不同的方法，比如音波疗法、香薰、禅修等。我们甚至与径山寺合作，让参与活动的人去寺院体验禅修。我觉得这些方法本质上都是相通的，都是为了帮助人们解决心理问题。

我们的目标很简单：我不追求大规模的帮助，但只要在这个过程中能够真实地救助到一个人，我就觉得善莫大焉。

问：半暖公益的课程体系是如何建立的？

闻：早期我们的课程比较松散，后来我意识到需要提高专业度。我们以《唤醒内在的智慧》这本书为基础，与浙大心理学系合作，研发了一套12个月的正念课程。每个月围绕一个主题，比如"平衡法则"，通过读书会、工作坊和舞蹈等形式，帮助参与者理解和实践。

这套课程现在已经获得了国家版权局的版号，我非常自豪。此外，我们与浙大心理学系合作，开设了师资认证体系，培养专业的正念导师。这一认证非常受欢迎，短短两天就有 100 多人报名。

问：半暖研发的 AI 工具"小暖"是如何帮助人们释放情绪的？

闻：小暖是我在钉钉上研发的一个 AI 助手，它基于 1800 小时的真实心理咨询记录训练而成。它的核心逻辑是引导使用者不断倾诉，帮助他们释放情绪。如果使用者情绪非常激动，小暖会推荐一个正念呼吸练习，帮助他们平复情绪。

目前小暖藏在钉钉的公益组织应用里，使用起来不太方便。我们正在开发微信小程序版本，让更多人能够轻松使用它。

问：半暖公益的财务和运营模式是怎样的？

闻：半暖公益目前由我个人资助。我们的团队规模很小，只有三个人，但我们都非常热爱这件事。尽管是个"草台班子"，但我特别珍惜这些 90 后的姑娘们，她们对公益事业的热情让我非常感动。

我们制定了 to B 收费、to C 免费的模式，企业可以通过捐赠支持我们，而我们则为个人提供免费的课程。我对半暖公益的要求是必须做影响力，但这并不是为了吸引更多捐款或提升名气，而是为了让更多人知道这个公益组织的存在。

我的目标是让半暖成为一个真正靠谱的组织，每一分钱都花在最需要的人身上。我们所有的课程都经过精心研发，确保它们能够帮助参与者找到内心的力量。

问：半暖公益如何应对外部需求？

闻：我们发现需求非常大，尤其是焦虑和心理问题日益普遍。我们的课程每周 1 到 2 节，但实际需求已经让我们考虑增加到 3 到 4 节。很多参与者反馈说，这个场域让他们感到放松，甚至成为他们生活中的"救命稻草"。

对我最大的正反馈来自我们的第一节课，当时我们请了一位专业老师讲失眠问题。有位参与者第二天告诉我，他晚上终于睡着了。那一刻，我觉得比赚了一个亿还兴奋，因为它证明了我们确实在帮助别人。

问：半暖公益如何扩应对师资瓶颈？

闻：师资的确是我们目前最大的瓶颈。我们与浙大心理学系合作，开设了师资认证体系，每年培养一批正念导师，让他们在外地开设课程，满足北京、上海等地日益增长的需求。

问：半暖公益如何通过活动和合作进一步扩大影响力？

闻：我们越来越出圈了。最近我们与《女性世界》的导演合作，这是一部讲述海外华人女性生活的纪录片。在浙江的首映式上，我和导演一起与观众交流，分享对女性话题的看法，效果非常好。

此外，我们与浙江省总工会合作，为贫困女职工提供正念课程，并受邀为女子监狱的女性开设读书会。这些女性在封闭环境中更需要精神力量的支持，我们的课程让她们感受到共鸣和希望。

问：你如何看待正念练习和积极心态的力量？

闻：正念练习和积极心态是我非常推崇的。我曾把"一切终将过去"这句话设为自己的钉钉头像，它提醒我，所有困难都是暂时的。

很多人把问题定义为困难，但实际上，问题只是需要解决的事情。如果我们能改变对问题的看法，焦虑就会减少。比如，孩子上不了某所学校并不是唯一的出路，其他学校也可能带来更好的机会。

"活在当下"这句话虽然听起来像鸡汤，但当你经历过很多困难后，会发现它是唯一的解脱方法。

问：具体如何理解"活在当下"，并如何在生活中实践？

闻：我的理解是，当你不断陷入对未来的焦虑时，提醒自己"活在当下"，就像突然浮出水面呼吸到氧气，瞬间让你平静下来。我最近经历了一次更年期焦虑，当时参加了一个活动，大家都在讨论更年期的各种可怕后果，搞得我也非常焦虑。

后来我在吃饭时突然意识到：我现在不是挺好的吗？这句话让我从焦虑中抽离出来。其实，很多焦虑都源于我们对未来的过度担忧，而"活在当下"就是打断这种默认的焦虑模式，让自己从潜意识中跳出来。

问：半暖公益未来的发展方向是什么？

闻：我们希望通过更多合作扩大影响力，同时也希望社会力量能够加入进来，共同推动公益事业。我们的目标不是追求规模，而是让每一节课都高质量，从而帮助更多人在焦虑和困难中找到内心的力量。

吕绍麒:
美学与文化是乡村振兴的重要驱动力

对话人物

吕绍麒,出生于中国台湾桃源县新屋乡永安村,1998 年进入乡村工作领域,从事乡村全产业运营策划。2001 年来大陆参与乡村建设和农业发展相关工作。现任浙江省乡村建设促进会两岸乡建专委会主任,"禹上稻乡"运营顾问,未来农民学堂特聘讲师,"浙江千名乡村 CEO 培养计划"专业导师。

跨越海峡两岸，从永安到永安

问：你是怎么进入乡村振兴这个领域的？是什么样的机缘让你开始关注并投身这项工作？

吕绍麒（以下简称"吕"）： 这个说来话长。我是从 1998 年开始接触乡村工作的，那时主要做土壤改良和病虫害管理。后来因为工作表现不错，被邀请成为行业协会的秘书长，负责两岸的接待和交流工作。有一次，无锡市的副市长带团到台湾考察，我负责接待。后来他邀请我来大陆看看，我就来了。

问：你来大陆之后，主要做了哪些工作？乡村振兴在当时是怎样的发展状况？

吕： 我 2001 年来大陆时，大陆的重点还是城市化和工业化，乡村振兴还没被提上日程。但我觉得，这是一个值得投入的领域，于是开始做国际标准农产品的出口工作。我们主要做茶叶、咖啡萃取物和中草药的认证。像青海柴达木盆地的有机枸杞、内蒙古的药材、云南的三七、贵州的茶叶，都是我们认证的。

有个很有趣的现象，2016 年中国有机耕地面积在全球排名第四，技术也达到了国际水平，但 90% 以上的高标农产品都是出口的。我就很纳闷，为什么国人自己消费不起？是不是认知问题？比如有机枸杞，一公斤才 68 块钱，贵吗？不贵啊，但很多人觉得贵。于是，后来便推动起了消费者教育。

问：你提到的推动消费者教育，具体是怎么做的？

吕： 我有几年就纯粹在做公益，推动消费者教育，想让更多人了解有机农业。我还参与了一些平台的搭建，后来广东省成立了乡村振兴基金，邀请我当顾问。但我发现，这些基金主要投向了大型农场和国有企业，还不是真正的乡村振兴。乡村振兴应该是要撬动更多的行

对话

业回到乡村，让更多人受益，而不是只关注短期利润。

问：你是怎么来到浙江的？对浙江的乡村有什么特别的感受吗？

吕：后来，我认识了浙江乡村建设促进会的蒋文龙会长，他邀请我来浙江参与乡村振兴工作。我对浙江的乡村并不陌生，因为之前就来过很多次。疫情期间，我还参与了衢州乡村振兴的规划和未来乡村的产业调查。来了之后，我主要就是每天跟蒋会长跑乡村，了解各地的产业动态。

问：听说你在台湾的家乡也叫永安村，后来你又来到余杭永安村。这是一种很奇妙的联系。

吕：是的，我现在住在余杭，经常介绍自己是台湾永安村出生的。这边的永安村和台湾的永安村都以水稻种植为主。我常说，乡村振兴的最后一里地叫"永安"，因为每个人在乡村的需求都是居住安心、生产安全、发展安定。永安是一种愿景，是一种向往。所以我说"从永安到永安"。

内生力量是乡村振兴的核心

问：来到余杭永安村后，你最早着手做的是什么？

吕：刚住到永安村时，我首先就买了一台电瓶车，天天在村里转小巷、走田埂。乡村有 5 个产业方向需要梳理：人、文、产、业和土地景观。我就通过这种方式深入了解村里的情况。我在台湾做乡村工作时，有一个重要逻辑，就是要和村民、当地企业家、城市社区共建。这个经验是从 1993 年就开始积累的。

问：在乡村振兴实践中你特别强调"内生力量"，能具体讲讲吗？

吕：内生力量是乡村振兴的核心。比如在永安村，我们推动内生力量的方式就是拜访很多业态，邀请政府协调当地乡贤开会，组织村民开会，举办篝火围炉活动，吸引大家参与，逐渐形成一种共识力量。

乡村发展的问题，不是单方面就能解决的。不能说这个问题由政府来解决，那个问题由书记来解决，或者由村民来解决。这种逻辑不对。任何问题都可以撬动多元主体参与解决。当问题由多方共同解决，形成常态机制时，才会有一个更适合的方案。

问：你们也会聊起乡村发展这样的大事吧？村民的反应如何？

吕：我在和村民聊天时，经常告诉他们："现在是乡村振兴的时代，外地人都看准这个机会了，你们本地人不要落后。"想通过这样的交流，慢慢启发他们的共鸣和行动。但说实话，目前乡村振兴这样的事还主要是政府、村集体和强村公司在推动，引入了很多外来力量，普通村民的参与度还不深。

问：通过跟村民的沟通交流，你有什么重要的发现？

吕：我观察到的一个核心问题是：农民与土地之间的关系并不单纯。很多人只关注如何让自己的作物卖更多的钱，追求利益最大化，不断压榨土地的能量，种植更多产量的作物。但这种方式实际上损害了土地的生态平衡。很多人也逐渐意识到了发展生态农业的价值，但与追求利益最大化之间的矛盾还没有化解。

这种问题背后反映的其实是一种工业化思维。如果带着这样的心态去从事生态农业，很难真正取得成功。相反，如果能抱着利益众生的信念去做生态农业，不仅能增加幸福感，还能与消费者形成同频共振，建立强链接。这种同频共振会形成一种群体意识，甚至能与"道"通，从而获得源源不断的力量。

我经常说，乡村的发展不仅仅是为了经济效益，更是为了传递一种真实、有温度的价值。如果能让消费者看到乡村的成长，感受到土地的生机，品牌的影响力也会自然而然地提升。只有这样，乡村振兴才能真正实现。

对话

问：推广生态农业，有什么样的经验或者想法可以分享吗？

吕： 在生态农业的实践中，一开始可以通过生物防治和物理防治方法减少收入波动，确保其可持续性。随着生态平衡的建立，天敌系统会自然形成，比如昆虫之间会达到一种和谐的平衡。

其实，生态农业的方法有很多种，比如生态农法、有机农法、自然农耕、朴门农艺、生物动力农法等。我在农业农村工作多年，大部分农业耕作方法都经历过。1924年，德国哲学家鲁道夫·斯坦纳提出一个理论：你剥夺了土壤中的什么，就要还给土地什么。这句话看似朴实，但现实中，我们剥夺了太多土地的养分，却没有真正给予回报。土地养育了我们，我们却很少思考如何回报它。从事生态农业的人，如果能将回报土地作为一生的信念，我相信一定会成功。

组团发展的关键是人心的融合

问：你参与的乡村 CEO 培训项目是如何推进的？

吕： 乡村 CEO 培训项目是一个平台，主要做三件事：1. 陪伴成长：我们长期陪伴乡村 CEO，帮助他们逐步成长。2. 纠正错误：及时纠正他们对乡村的误解或错误做法。3. 资源对接：为他们对接各种资源。比如，学员们可以加到 70 多位老师的微信，还能拿到所有老师的PPT，稍加整理就能变成自己的知识库。这个项目就像"聚是一团火，散是满天星"，既能让学员们在培训中互相取暖，也能让他们回到乡村后成为满天星，照亮更多地方。

问：你对苕溪北八村现在的乡村 CEO 团队有什么评价？

吕： 目前的 CEO 团队中主要有两种类型：一种是安于现状，认为自己只要听从书记的指示就可以了；另一种则希望改变，他们主动拜访我，寻求资源的支持。像范立辉和沈燕，他们找我的频次很高，我也帮他们对接了很多优质资源，但有些资源最终未能落地转化，原因可能是村里的决策、CEO 的能力或基层政府的支持力度不足。

问：能否具体说说你认为目前在推进工作中存在的问题或障碍？

吕：在推进工作时，我发现了一些制约因素。街道政府在项目推进过程中，口号多，实际落地力度还有待提高。北八村乡村 CEO 团队已经建立了一套固定的模型，虽然这套模型在全国范围内表现不错，但要实现突破性的创新并不容易。

问：苕溪北八村紧邻未来科技城，距离杭州城区也不远。周边或者外来企业在乡村振兴中承担着什么角色？

吕：就以永安村为例吧。它的第一笔启动资金就是由周边的企业支持的。这些企业最初相信永安村能够成功，但随着时间推移，参与的企业从 68 家逐渐减少。为什么这种关系没有越来越深，反而越来越松散？这是一个需要深思的问题。我们曾尝试与当地乡贤和企业深化关系，但过程中遇到了一些阻力，比如管理层面的意见分歧。

其实，乡村与社区的关系非常重要。如果能与周边的大型社区建立支持关系，乡村的发展就会更加稳定。1972 年提出的有机农业理念，到了 90 年代发展为社区支持型农业（CSA），即一个乡村得到周边社区的支持，就能实现持续发展。尤其是在中国，如果能与企业家建立更深的联系，品牌的影响力会更大。

问：怎样才能提高企业对乡村振兴工作的参与度呢？

吕：关键是要重新思考乡村与企业的关系。企业家不仅仅是提款机，他们需要参与感、成就感和真实的价值传递。比如我们可以通过"企业家下午茶"等形式，与企业分享乡村故事，深化他们对乡村的理解和支持。这样不仅能增强企业与乡村的链接，还能让企业家成为乡村发展的真正伙伴。

问：目前你关注的工作重心是什么？

吕：在乡村发展和品牌建设中，CEO培训以及街道和村集体层面的具体推进仍然是我关注的重点。尽管我们已经向相关领导进行了多次汇报和规划，但未来发展的路径还需要进一步完善。如果单纯以村集体经济收入为唯一指标，发展是不完整的。我们需要让更多的多元主体参与进来，形成更广泛的合作网络。

问：你说的"八村方案"是指"八村组团"发展吧？你对"八村组团"的发展有什么建议？

吕：对！八村组团的关键是人心的融合，而不仅仅是物理空间或产业的整合。当然每个村的书记都有自己的思路，但我们需要在求同存异的基础上，找到共同的目标和价值观。比如，可以设计一条贯穿八村的运动路径、艺术路径或研学路径，让消费者在体验时感觉不到物理边界，而是沉浸在一个整体的乡村氛围中。

问：在乡村品牌建设上，有什么建议吗？

吕：我们常常说农产品好，是因为它从土地中生长出来。但土地不仅仅是土壤，它还承载着历史、人物、环境风貌等多重因素。对这些因素的总结会形成所谓的"品牌论"。品牌不仅仅是一个名称，它代表的是一种影响力。

品牌建设不仅仅是取个好名字，还需要有真实的故事、有创意的活动和产品的独特性。在乡村做产品时，农产品的美育、农育和食育同样重要。乡村的美感、农业的耕作方式以及食品的健康加工都是品牌的核心元素。我们把这三者做好，就能完整地传达农业的精神。

乡村振兴也是生命的谐和与文化的复兴

问：你说过乡村振兴有三个阶段的"政"，能详细解释一下吗？

吕：好的。我其实是用了三个谐音字。

第一个是"政"，政策的"政"。政策推动是乡村振兴的关键。

第二个是"震"，震动的"震"。就是要撬动多元主体参与乡村振兴。乡村振兴不能只靠农业，要让多元主体回来，比如上市公司、学生、社会组织、民众等。

第三个"正"，正确的"正"。很多乡村为了迎合城市消费越来越产业化，最后乡村反而变成了城市的一部分。我觉得正确的做法是"产业乡村化"，而不是"乡村产业化"。

问：你还提到过乡村可以分为四种类型：产业型、生活型、生态型和生命型。能具体讲讲这四种乡村的特点吗？

吕：当然可以。这四种类型是我在乡村振兴实践中总结出来的。

第一种是产业型乡村。其核心是把乡村原有的产业做得更绿色、更有机、更生态化，形成品牌，让消费者认识和支持乡村的发展。比如说，我们在青海做的有机枸杞专业村，就是产业型乡村的典型代表。这种乡村的特点是以农业生产为基础，注重产业升级和品牌化。产业型乡村的问题在于国内消费者对有机产品的认知还不够。所以要做消费者教育，让大家认识到有机农业的价值。

第二种是生活型乡村。这种乡村主要是满足城市人的消费需求，提供吃喝玩乐的场所，比如农家乐、民宿、网红经济等。其特点是打造消费场景，比如彩虹滑道、玻璃栈道、网红打卡地，吸引城市人短期体验和消费。生活型乡村的缺点是，它和城市消费者的联系比较浅层，容易泡沫化。消费者可能只会来一次，下次就会去寻找新的打卡地。

第三种是生态型乡村。生态型乡村的核心理念是尊重自然，回归自然。我经常说，人类进入乡村之前，乡村是属于万物众生的，包括昆虫、动物和微生物。生态型乡村的特点是强调生态保护和自然恢复。有些乡村甚至可以被"遗弃"，让大自然重新接手，成为生态涵养的场域。我觉得生态型乡村不仅为当代人提供生态价值，也为下一代人保留了一个健康、可持续的乡村环境。

第四种是生命型乡村。生命型乡村是最高层次的乡村模式，它关注的是人的内在生命体验，包括诗意、哲学、美学和人文等。这种乡村不仅仅是"泛旅游"，而且是通过故事、文化和情感建立强连接，打造深度的生命体验场景。生命型乡村不仅能吸引游客，还能让他们一年来十次，而不是十年只来一次。这种深度关系是乡村振兴最宝贵的财富。它不仅能带来经济效益，还能促进城乡文化的融合与交流。

问：这四种乡村模型在余杭苕溪北八村的实践中有体现吗？

吕：在苕溪北八村，我们根据这四种模型设计了八种布局：产业型、艺术型、运动型、康养型、生态型、美食型、企业认养型和义理实践型。比如，产业型乡村聚焦农业生产和加工，生态型乡村保护自然，生命型乡村通过文化和故事建立深度连接。每个村落都有自己的特色，但又相互补充，形成一个完整的乡村振兴体系。

问：你也提到过"义利相容"在乡村振兴中的重要性，具体怎么理解？

吕：乡村振兴在 2017 年底提出，但问题是，我们从幼儿园到大学的教育都是"离乡教育"，是教人离开乡村的。突然提出乡村振兴，这相当于"返乡教育"。那为什么要返乡？理由是什么？如果说是因为有政策和补贴，那这种返乡动机是趋利的。如果乡村无利、少利或弱利，这些人可能就不想回去了。所以，返乡的关键不是趋利，而是"先趋义"。但也不是说完全不谈利，而是要"义利相容"。先有一个纯粹的社会责任感、土地情怀或归乡情结，这种动机是趋"义"的，然后再结合政策赋能和补贴求"利"，这样才可能长久。

问：如何才能做到"义利相容"，把人才吸引回乡村呢？

吕：种子越早种下越好。比如从小学到大学，从泛研学到深度乡村经营理念的传递，越早做越好。因为现在很多乡村的医疗和教育都已经断开了。如果没有教育，孩子将来怎么办？如果没有医疗，父母怎么办？如果一个壮年人回到乡村，没有教育和医疗的支撑，那他能住得安心吗？所以，乡村振兴需要"组团化发展"，比如把8个村变成一个产业模型，进行功能分工。这样生活场景才能完善。过去乡村有集市、电影院、医院、学校，还有木匠、工匠等，但现在很多乡村只剩下农业工人了。这种情况应该有所改变。

问：现在乡村振兴特别强调生态理念的注入，你觉得苕溪北八村在生态文明时代有什么独特的价值？

吕：苕溪北八村这一带在生态文明时代的发展中，具有重要的示范意义。它的地理位置很有意思，既有城乡关系，也有山水关系。从历史上看，乡村的出现有一个关键节点，那就是人类从易居到安居的过程。在安居时代，人们讲究风水。第一风水宝地给宗庙祠堂，第二风水宝地建学校，第三风水宝地是公共空间，第四风水宝地是庄稼地。这些布局都体现了乡村的生态文明和可持续发展理念。当然，在乡村振兴的新时代背景下，村民的整体思维也需要重构。

问：整体思维如何理解？怎样才能重构村民的整体性思维呢？

吕：乡村振兴不只是单一产业的发展，更需要村民更新对乡村的整体性认知和感受。目前，很多村民的生活显得单调，除了种地或其他产业，其文化生活、娱乐方式以及邻里关系都相对单一。未来乡村振兴，要引导村民重新构建他们的生活方式和村庄结构。比如，通过组织活动、搭建公共空间，让村民有机会交流、分享，形成更紧密的社区关系。

问：你认为未来乡村振兴的关键是什么？

吕：未来乡村发展的关键就是"组团化运营"。单个村的资源和能力有限，但如果以街道乡镇为单位，产业和资源的整合会更有力。这也是余杭街道正在做的事情。举个例子，汶川大地震让全国人民产生了共情，哪怕不是四川人，也愿意捐款、参与救灾。乡村振兴也是如此，如果能通过运动、艺术等活动让更多人参与进来，共同解决乡村的问题，那乡村的发展就会更有力量。

问：你觉得数字化对乡村发展的意义是什么？

吕：数字化对村民来说，意义可能没那么直接。比如在田间管理上，数字化可以帮助农民监测温度、病虫害和气候，这对农业生产有帮助。但对村民来说，数字化更多地与政府监管相关，与消费者和企业的关系反而较弱。

如果我们搭建一个数字化平台，可以让更多参与 ESG（环境、社会和公司治理）的企业、大学生和社会团体通过扫码参与乡村认养活动，甚至用区块链技术记录他们的贡献。这样，参与者不仅是买卖关系，还能通过贡献值获得荣誉村民或数字村民的身份。这种做法可以深化数字化场景与消费者之间的关系，而不仅仅是价格比对的交易。

问：请描述一下你理想中的乡村振兴愿景。

吕：总的来说，乡村振兴不仅仅是经济问题，也是文化的复兴和人与土地的和谐共处。通过挖掘本地文化、引入艺术与美学元素、打造沉浸式体验，我们可以让村庄焕发新的生命力，吸引更多人参与其中，形成共情与共鸣。正如很多地方的成功经验所示，美学与文化是乡村振兴的重要驱动力，而真实的情感链接则是乡村持久发展的核心。

口述

"乡村振兴必须让村民成为主角"

口述者：

孙华林，余杭街道义桥村农村职业经理人

我出生在河南省信阳市的一个小县，村子离县城大约 40 公里。6 岁前在农村长大，后来为了上学搬到县城。大学考到平顶山学院，学的是资源环境与城乡规划管理专业。读研究生在湖北荆州的长江大学，学的是农学。

读研究生时，我专注于小麦栽培的研究，每两个月会去襄阳的实验田，和农户一起合作，实地检查作物生长情况。这段经历让我对农村有了更深入的了解。

2019 年毕业后，我来了杭州。我爸妈从 2003 年起就在杭州打工，我每年寒暑假也都会来这边，慢慢把杭州当成了第二故乡。最开始的工作是在一家农场，后来去了蓝城农业。我的工作是做农场委托管理，负责播种时间、生产指导等。

2022 年，我参与了全国多个项目，比如山东省莱西市的田园综合体建设项目，云南省师宗县的农业规划项目等。这些项目让我在乡村振兴方面积累了不少经验。

2022 年 9 月，我看到余杭街道在招"乡村造梦师"，主要针对单个村庄进行乡村振兴实践。这和我之前做的工作经验很契合，就决定尝

是关键。只有村民意识到发展能带来真金白银，才会主动投入。未来的乡村振兴，必须让村民成为主角。政府需要更大胆放手，让市场引导；村庄需要整合资源，做出特色。

现在的我，更像一个桥梁，在政府、资本与村民间寻找平衡。每一步都艰难，但必须坚持。乡村振兴没有捷径，唯有脚踏实地，让每一分努力都扎进土里。

"关键是把城市资源合理导入乡村"

口述者：
范立慧，余杭街道竹园村农村职业经理人

　　我现在是竹园村的农村职业经理人。其实，我的经历挺普通的，无非是从农村走出来，又回到农村。我老家在江西赣州，那是典型的农村，种双季稻，早稻和晚稻，经常要抢收抢种，特别辛苦。小时候家里条件不太好，父母为了养活我们四个兄弟姐妹，没少操心。那时候就想，要是以后能用自己学到的东西让农村变好一点，那该多好。

　　后来我考上了江西农业大学，学农业专业。大学期间，我参加了学校里一个叫"三农学社"的社团，去乡下调研，去工厂调查，还搞过支教……这些经历让我意识到，农村的发展不能只靠种地，还得进一步去琢磨、去实践。

　　研究生毕业后，我先是去创业，搞了个CSA（社区支援农业）项目。虽然最后没成，但让我学到了不少东西，也让我明白，农业创业不是一蹴而就的，得有耐心，还得懂市场。后来我又去了一家农业企业，从技术员做到宣传岗位，还负责过项目申报、农民培训，新冠疫情期间还做过保供工作。

　　走上乡村CEO这条路，是2022年的事。听说永安村在招人，我就去了。一开始，我只是个普通员工，负责项目申报，工作量特别大，三天就得报一个项目，一年下来报了100多个。这也让我积累了经验，学会了怎么跟政府、企业和村民打交道。

后来，我成了"乡村造梦师"，工作范围从永安村扩展到了8个村。感觉自己肩上的担子更重了，不仅要考虑一个村的发展，还要考虑怎么带动整个街道的乡村发展。我开始跟着刘松学习，他教会了我怎么和政府沟通，怎么和客商谈判，怎么推广产品。这些经验对我后来的工作帮助特别大。

2023年2月，我正式成为竹园村的农村职业经理人，也就是乡村CEO。刚到竹园村的时候，我心里也没底，村里人对我不熟悉，办公室也没有，我就在图书馆的一个角落办公。那时候，我给自己定了个规矩：每周都要和村书记见面，汇报工作进展，听听他的想法。慢慢地，书记开始认可我了，我也逐渐摸清了村里的情况。

刚到竹园村的时候，这里可以说是"一穷二白"。但我有个信念：只要人来了，事情总能干起来。我先是从项目申报入手，主动向街道申请"未来乡村"项目，拿到了1500万元的资金。

接下来，我开始琢磨村里的产业。书记特别重视茶叶产业，我就把茶叶作为重点，重新设计包装，推出了"禹上红"红茶和"竹报平安"月饼礼盒。一开始农户对我不太信任，但我想，只要能让农户看到实实在在的利益，自然就会获得他们的支持。

那时候团队只有我一个人，忙不过来的时候，我就招了一个助手。我们不仅卖农产品，还开始做培训和文旅活动。慢慢地，我们在村里建立起了影响力，很多村民开始主动找我们合作。

在竹园村，我主要负责项目申报、数字化建设和村委协调工作，很多事情都得靠自己摸索。比如，未来乡村项目的资金有了，但怎么用好这笔钱，怎么让项目落地，都是要操心的事。我们的策略是"运营前置"，在建设过程中就考虑未来的运营需求。比如，我们刚租出去的两个房子，一个是面包房，另一个是小型宠物农场，这些都是我们在设计和建设时就提前规划好的。

管理团队也是个挑战。我们团队现在三个人，除了我，还有一个全职的助手，另一个是兼职的财务人员。虽然人不多，但每个人都很重要，只要团队能拧成一股绳，再难的事也能干成。

在村里遇到的困难也不少。村里的项目容易拖延，工程管理上问题很多。我的解决办法是全程紧盯，遇到问题当场解决，绝不拖到第二天。这种"追着屁股"做事的方式虽然累，但能确保项目按计划推进。

还有就是，村里的闲置空间很多，怎么利用这些空间，怎么吸引投资，都是我要考虑的事。我那时候就想，竹园村地大物博，只要我们能盘活这些资源，一定能吸引到投资。于是，我开始和外面有资源的人合作，签订居间协议，给他们居间费。这种市场化的方式效果特别好，很快就有人来村里看项目了。我的设想是，通过文旅、研学、康养和生态农业四个项目组盘活资源，带动村里的发展。

现在，竹园村已经有一些起色了。我们不仅有了自己的运营团队，还和村里的农家乐、民宿建立了合作关系。未来，我希望竹园村能像永安村一样，成为八村中的亮点。但我不并不想让竹园村成为八村的"头"，更重要的目标是区域协同发展，让每个村都能找到自己的定位。

我觉得，乡村发展不能只靠农业，还得结合文旅、康养等多种业态，关键就是把城市资源合理导入乡村。比如，靠近大城市的近郊乡村，完全可以利用城市的溢出资源，发展共享办公、养老社区、二次元文化等项目，吸引城市人到乡村体验生活，甚至居住和工作。这样既能解决乡村资源闲置的问题，又能满足城里人多样化的需求。

乡村发展也需要流量。没有流量，就没有话语权。未来，我希望通过八村总公司的平台，把流量做大，把资源分配好，支持各村的具体运营。

"这是发展的需要，错过机会就没有了"

口述者:

周勤，余杭街道原农业科办公室退休

2002 年，政府决定搞土地整理项目，最开始是区级，后来逐步扩大。我们的任务是整理 2 万亩土地，最终新增了近 4000 亩。这个项目涉及永安村、溪塔村、下陡村、洪桐、仙宅等 5 个村。当时每亩地的投入只有 800 块钱，包括土地平整、整修沟渠和道路的所有费用。

这个项目特别难。我那时候还不是主要分管的领导，但街道把任务交给了我。项目从开始到完成用了 7 个月，每天起早贪黑，工作量特别大。

最大的难题是，土地已经分给农民了，按规定不能随意收回，我们就召开村民代表大会，给老百姓讲道理，说平整土地、改善灌溉和排水系统的好处。虽然有些村民不同意，但大多数还是支持的，村干部也做了不少思想工作。

我们还得确保工程不影响农民的种植，因为农活是有季节性的。那段时间，老百姓的意见特别多，因为到处都在施工，他们种田都受影响。我跟领导说，意见是难免的，但我们会逐步解决。最终，所有的农田都顺利种上了作物，没有再出现问题。

我们不仅让沟渠系统完全达标，还把荒芜的土地全部平整了。整平后的土地被划分成一块块的"格子田",整整齐齐、干干净净。田地被淹的情况基本消失了,排水系统大大改善。但后来又出现了一个新问题:以前排涝设施少,田里的水排不出去,现在水排得太快,反而造成了排涝压力。后来政府又增加了30多台抽水机,解决了灌溉问题,也解决了内涝的问题。以前一下雨田地就被淹,排水得花5到7天,庄稼产量根本上不去。现在就算下大雨,两天内也能把水排干,真正实现了旱涝保收。

原先的土地分配是以生产小组为单位,比如一个小组有200口人、200亩地,每人一亩。通过我们这次整治,有的小组土地增加了。比如原来200亩,整治后变成了220亩。但也有些地方减少了。我们在这两万亩土地整治项目中,挖掉了7000多座坟,全部集中迁到了各村的集中点。以前田间的状况非常混乱,到处都是荒树和小水塘,这些是祖祖辈辈留下来的。通过整治,我们彻底改变了这种状况,让土地更加规整,灌溉系统也更加科学。

土地整治完成后,第二个难题就是修路。田地被平整,老百姓的意见还不算大,毕竟田还是他们的。但修路占用土地,老百姓的意见就多了。我们规划的南北主干道宽度是12米,老百姓问我:"为什么要修这么宽的路?"我告诉他们:"我们要看到未来,以后老百姓家里肯定会有汽车。"那时候连自行车都买不起的老百姓听了这话,觉得不可思议。但我坚持认为,这是发展的需要,错过这个机会就永远没有了。村干部们对我也是完全支持,给村民做工作做得非常辛苦,我说一,他们不说二。

修路过程中,拆迁问题特别棘手。路旁边都是菜园、围墙和小猪栏,这些都是老百姓的私产,尤其是小猪栏,我们必须拆掉。最严重的是,我们甚至拆了几户的祖房。祖房的质量比较差,老百姓本来也打算拆掉重建,当时每拆一栋祖房,我们补助2万块钱,这个力度已经很大了。但问题是，政府国土部门暂时冻结了农民宅基地的审批。为了解决这个问题，我把国土和城建部门叫到现场，要求他们必须担起责任。我们让村民在村里办个简单手续，先让他们把房子造起来。至于选址，我们让老百姓自己选，只要合理就行。这样既解决了拆迁问题，又让老百姓有了新房子，大家都很配合。

我把拆迁的权力全部交给村里，自己不去插手，但给了他们两条原则：一是要公正公平，严格掌握政策，绝不能开后门；二是不能欺负弱势群体，在不违背原则的基础上，尽量照顾他们。按照这个指导思想，整个拆迁过程完成得很顺利，老百姓对我们的信任度也提高了。

结果，光是那条主路就占用了400多亩土地。除了主路，还有其他环路。以前的路很窄，车根本进不去。这400多亩的道路建设是在2002年完成的。现在大家都说这条路修得值。如果放在现在，不仅是钱的问题，连土地指标都搞不到。

迁坟的压力也很大。我们搬掉了7000多座坟，每座坟只补偿50块钱，现在5000块都不够，但当时我们顶住了压力。老百姓的观念比较落后，少数人反对，但他们无法阻挡集体的决策。有人甚至骂我，说祖坟不能动。但我坚持原则，骂归骂，工作还是要推进。

现在看来，不管是征地、拆房还是迁坟，我的思路还是对的。

"希望把永安稻米做成高端品牌"

口述者：

陈长洪，余杭街道区域发展办高级农艺师，退休

我是永安村人，以前我们这儿属于永建乡，1992 年并到了余杭镇，也就是现在的余杭街道。余杭街道的耕地主要在城北八村，总面积大约 5 万亩，其中水田有 3 万亩左右。这些地不光有平原上的良田，还有山地上开垦出来的地。这一带被划成了"非常滞洪区"，主要是用来防洪泄洪的，所以这么多年农田开发一直受限，工业也没怎么发展。这片地的耕地保护特别严，基本农田的规划都是国土部门负责的。

永建这片以前有几个部队营房，周围的地最早是劳改农场，后来划给部队种地。部队撤走以后，有些地就给了中泰街道管理，继续种田。溪塔村落塘埠那一片以前也是劳改农场，后来归部队用。部队撤走以后，地就慢慢转去种田或者作其他用途了。

余杭街道这边种的作物主要是水稻、小麦、油菜。上世纪 80 年代实行家庭联产承包责任制以后，作物品种慢慢优化了，从种大麦、早稻、晚稻变成了种小麦和水稻。现在政府对农业的补贴力度挺大的，种小麦的每亩补贴 350 块，种水稻每亩 550 块。还有机插秧补贴，每亩 100 块。病虫害统防统治补贴，小麦、油菜每亩 20 块，水稻每亩 40 块。这些补贴确实调动了农民的积极性。

现在，种一亩地的承包款大概1700块，加上种子、肥料、收割这些成本，总共3000块左右。小麦和水稻一亩地能赚2100块，加上补贴，每亩净赚500—800块。虽然政府补贴帮农民补了一些亏损，但农业利润还是有限，尤其是大规模种植的农民，花费的人工管理费也高。

田间管理是承包制的，每亩地的人工费大概260块，包括插种、施肥、治虫这些。要是大规模种植，每300亩地要付3万块管理费。种地不光要买肥料、种子，还得付人工费。如果是按人头承包，成本就更高了，因为承包人也要赚钱。比如除草这些活儿，如果雇人拔草，成本就得往上加。不过现在农业技术发达了，用无人机、插秧机这些设备，人工成本降低了，效率也提高了。

早些年种地都是靠人工，插秧的时候得弯着腰，特别累。后来上世纪80年代开始用抛秧技术，不用弯腰了，轻松了不少。到了90年代，又开始推广直播，直接把种子撒到田里，省了不少事。现在更先进了，都用插秧机、无人机这些设备，效率提高了不少。不过机械化也有问题，比如插秧机转弯的时候容易留下空角，还得人工补种。

种地的产量这些年确实提高了不少，尤其是种子改良和技术进步以后。以前农户种地都是靠手工，做得很细，也不怎么算成本。现在不一样了，规模化和机械化成了主流，加上政府补贴，农民的收入也上去了。

现在种粮的大户主要是50岁以上的中老年人，年轻人干这行的少了。一对夫妻管理300亩以内的地比较合适，既能赚钱，成本也能控制得住。要是种的地太多，就得雇人，成本一下就上去了。

种植优质米的标准高，产量一般在1000—1200斤一亩，但卖得贵。像我们这边有人种的优质米能卖到5—6块一斤，比普通稻谷贵多了。稻谷加工成大米后，赚得更多。比如1000斤稻谷能加工出600斤大米，按5块一斤算，能卖3000块，比直接卖稻谷的1600块多不少。不过

口述

加工和包装的成本也得算进去。

现在农户更愿意卖大米，因为价钱高。可是大米存不住，尤其是夏天，容易坏。真空包装能延长保质期，但成本也高。

有些地方搞了稻米认养，能多赚点。比如认养一亩地能得600斤大米，按10块一斤算，能赚6000块。这种模式吸引了一些高端消费者，但规模有限，没法大面积推广。

我们也试过稻田综合种养，比如稻田养鸭、养虾，但因为技术和管理问题，没成功。比如养虾的季节和种稻子冲突，而且打农药会影响虾的存活。还有，稻田改造挖沟渠和耕地保护政策也有矛盾。

稻田周边也试过种经济作物，比如玉米、西瓜这些，但因为大规模承包户用无人机打农药，容易飘到旁边的地里去。有一次农药飘到玉米田里，玉米全死了。这种事多了，赔钱的农户也不少，经济作物也就不好推广了。

永建地区作为非常滞洪区，这些年水利设施建设得不错，防洪能力强了，滞洪区的功能也就没再启动。未来，这片地方还是以种稻米为主。最近，永安村的张水宝书记在推优质稻米的订单模式，跟种粮大户合作，提供种子，高价收购稻谷。这种模式既能保证稻米供应，也能提高市场竞争力。比如，加工中心把收购的稻米加工成品牌产品，通过各种渠道卖出去，附加值就上去了。订单模式的核心是稳定供应链，提高稻米品质，再通过品牌化销售提升市场价值。

我们永建地区这些年变化很大，从过去的劳改农场、部队营房，到现在的现代化农田，一路走来不容易。虽然城市化推进得快，很多农田都被征用了，但我们还是守住了这片土地。未来，我们希望能把稻米做成品牌，走高端路线，让农民的日子越过越好。

"推动传统农业向观光农业转型"

口述者:

姚凤贤，余杭街道永安村人，杭州稻香小镇农业科技有限公司生产总监

我 1961 年出生，1978 年高中毕业后，就进了生产队劳动，后来又加入了植保队，专门负责治虫。这一干，就干到了现在。

以前种水稻，可是个苦活儿。那时候没有机械化，全靠人工。从 1982 年到 2000 年左右，我们这儿基本上还是传统农业。家庭联产承包后，每家自己管自己的地。有的家庭外出打工，土地荒废，田里都是草，收成很差，有的人家一亩地只能收上一两百斤。2000 年以前是任务粮，每亩地要完成 500 斤左右任务。完成任务后剩下的粮食才能留作口粮，多的可以卖议价粮。议价和平价（卖给粮管所）的差价大概 18 块钱一百斤。任务粮大概是 72 块到 73 块一百斤，议价粮接近 90 块一百斤。那时候村干部还得去老百姓家里收粮。90% 的老百姓都能完成任务，完不成任务就得买议价粮来上缴，因为这是"公粮"，是国家税。任务完不成，部队、工人吃什么？

2002 年之后粮价逐渐开始高了一些，那个时期的种粮大户也慢慢多了起来。2003 年我们村合并为大村后，我分管农业，每年都会带领种粮较多的农户到街道培训两次。

2015 年开始，我们把整个村的农田集中流转到村股份经济合作社。

口述

我到外地引进了一批种粮大户，特别是那些有技术的。当时也遇到不少矛盾，比如原本有些农户把地租给本地的种粮大户，价格很低，有的就把地送给人种，象征性收点稻谷就行。但引进外来大户后，地租一下子涨到八九百块一亩，本地种粮大户就觉得成本高了，种不下去了。这种矛盾导致了本地种粮大户和外来种粮大户之间的矛盾。不过，通过调整模式很好解决了这个问题。

土地流转之后，我们的大米生产和加工发生了很大变化。以前我们是委托有资质的加工厂加工大米，现在我们有了自己的设备，比外面的加工厂更先进。我们的加工能力是 24 小时 70 吨，现在不仅加工我们"稻香小镇"和周边 8 个村的稻米，还承接种粮大户的订单。我们的加工设备出米率要高出 5% 到 6%，清洁抛光效果也更好。

村里的订单粮大概是 2010 年出现的，补贴也是从订单粮开始实施的，最开始一年一亩补贴 100 块。后来补贴逐渐增加，补贴的具体金额是根据当地财政情况定的。

过去，我们余杭区上报的种粮面积需要保证居民口粮，还要交一部分到国库。我们有地方库，粮食先交到地方库，再转移到国家的华东库、华北库等大型粮仓。如果完不成任务，还得去买粮补足。像我们余杭区，工业发展迅猛，土地面积减少，就得从其他省买建设用地指标（国办颁布的《跨省域补充耕地国家统筹管理办法》，并同步推出了《城乡建设用地增减挂钩节余指标跨省域调剂管理办法》。这两份文件的核心理念在于推动耕地在国家层面实现跨省"买卖"）。同时，还得通过提高补贴来鼓励种粮。不种小麦、水稻等作物的话，卫星遥感一查，补贴就没有了。

种粮大户具体能得到哪些补贴呢？首先是种粮补贴，每亩 900 块。其次是机插秧补贴，每亩 70 块。再是秸秆回收补贴，每亩 30 块（给打包师傅）。另外还有稻谷烘干补贴，每 100 斤 12 块。病虫害统防统治补贴，每亩 40 块。这些都是种粮大户实实在在能拿到的补贴。

2019 年开始，我们永安村筹建了"稻香小镇"公司，目标是发展现代农业产业，我们注重绿色稻米的口感和营养，跟浙江大学合作，试种了新品种"软香二号"，效果很好。后来我们开始在地方政府的食堂专供这种米。"软香二号"种植面积也在逐渐扩大，现在核心区有 800 亩。

目前，我们"永安稻香小镇"的大米业务主要分成几块。第一块是企业认养，我们把地认养出去，每年给认养的企业提供 6000 斤米；第二块是跟种植大户下订单，比如我们委托他们种 800 亩，收购价每斤 1 块 8 毛 9，加工后的米卖出去是每斤 6 块 4，包装袋、纸盒成本也不低，比如 5 斤一包的真空包装，成本就要 13 块；第三块是大米加工，除了完成"永安稻香小镇"的订单业务，空闲时间也会接外加工；第四块是稻米衍生品的开发，比如"永安米酒"、锅巴这些，去年"永安米酒"卖得不错，但网红产品的销量能维持多久不好说。

现在种粮，一方面靠政府的政策支持，另一方面也靠技术的进步。我们这儿的种粮大户，收入还算可观，但风险也不小。去年很多种粮大户都亏了，主要是连续 40 多天高温，导致水稻扬花授粉失败；另外，有些年份收割期遇到连续下雨，也会造成产量降低。

不过，我们也在不断探索新的模式。比如"永安稻香小镇"的建设，就是希望通过发展观光农业，吸引杭州市区和未来科技城的白领周末来休闲消费，带动老百姓致富。

口述

"期待在农业现代化方面有更多突破"

口述者：
范伟亮，余杭街道洪桐村村民，种粮大户

我是范伟亮，一个种粮大户。最开始，我在下陡门租了100多亩田，后来规模逐渐扩大。2021年，我和王富春合伙承包了1700多亩田，但那年天气不好，收小麦时连续下雨，烘干都来不及。最近的烘干房在绍兴，来回100多公里，非常麻烦。后来王富春觉得面积太大，吃不消，就退出了。我又找了朋友合伙，街道也了解到我们的困难，同意我们建设烘干房。现在我们自己建了烘干房，设备齐全，基本可以控制整个流程。

我们现在的种植规模有2500多亩，分布在永安村和下陡门村等地。我们不仅种田，还形成了完整的产业链，从育秧、插秧到烘干，都有自己的设备。秸秆处理项目也已经立项，准备形成闭环式产业链。我们还和"永安稻香小镇"合作，他们兜底收购我们的稻谷，脱粒后去卖大米，或者做米酒、锅巴等产品。我们自己也卖一部分，但主要还是靠"稻香小镇"的平台。

我们现在的利润空间不大，主要靠规模效益和政府补贴维持。租金太高是一个大问题，政府补贴增加了，农户的租金也跟着涨。比如政府补贴从600元增加到900元，农户的租金也跟着涨了300元。这样一来，我们包地的种粮大户其实并没有增加多少利润。另外，天气因素影响也很大，像今年特别干旱，产量就不行。2023年我们亩产能达到1200斤左右，2024年也就只有1050斤，减产了不少。

我们也在尝试一些新技术，比如和科研单位、科技公司合作，用菌群改善土壤，让土壤变得更松软，根系长得更茂密。但大面积的产量提升不明显，可能是因为影响因素太多。不过，重金属超标的问题倒是改善了很多，去年我们有40%的田重金属超标，今年基本上没有了。

我们还尝试了稻虾混作，效益会比纯种水稻好一点，但成本也高，事情也多。比如要养虾饲料，还要抓虾。总体来说，效益提高得不算特别明显，而且龙虾价格波动大，效益起伏不定。

技术提升主要是通过合作社和与其他农户的交流。我们合作社每天早上六七点钟会聚在一起吃早饭，像开早会一样，聊田里的情况，比如现在该用什么农药，虫害怎么防治。这种交流很频繁，大家都会互相学习。农药商也会来田里检查，指导我们什么时候打药，怎么用药。

我们用植保无人机，一年换一台，效率很高，像撒播小麦种子、打药都很方便。水稻则是机器插秧。我们这边种小麦和水稻的方式和北方不同，北方小麦产量高，我们这边气候条件不同，小麦亩产500到600斤就很好了。水稻产量相对高一些，但也要看天气。总体来说，我们这边一年两季，小麦和水稻的产值比例大概是1:3。

秸秆处理方面，我们用的是打捆机，将秸秆打成捆。打捆机是履带式的，后面带着一个搂草机和打草机，秸秆会被割低、打碎，然后搂起来，最后剩下的麦茬、稻茬高度可以控制在10公分以内。这样可以提高收购的效率。农作物秸秆被称为"另一半农业"，秸秆还田分为直接还田和间接还田两种方式。我们计划采用秸秆加工利用后再还田的方式，但这需要政府的支持。

口述

我们也在尝试退塘还田的项目。以前有些田被挖成了鱼塘，现在要恢复成农田，租金也比鱼塘高了很多。对老百姓来说，这是好事，既增加了收入，也符合国家的耕地保护政策。此外，我们还在探索林下种蘑菇这样的项目，但精力有限，暂时还没有实施。

我们希望未来能通过政府和企业的支持，进一步推进双减政策，实现绿色化水稻种植。我们也期待在农业现代化方面有更多突破，比如智能化设备的应用、秸秆的高效利用等。如果政府能提供更多补贴和技术支持，我们也会更有信心去尝试新模式，从而提高种植效率和收益。

"思想观念不能还停留在牛耕时代"

口述者：
姚国华，余杭街道仙宅村党委书记

我从 17 岁高中毕业就开始在村里工作，到现在已经四十多年了。这一路走来，我见证了村子从穷乡僻壤变成如今的美丽乡村，也经历了种田从"靠天吃饭"到科学种植的巨大变化。

我 18 岁开始种田，那时候大队有农业科的人来给村里当技术员，让我做种子繁育。杂交水稻是袁隆平发明的，需要母本和父本结合才能高产。这可是个技术活，讲究得很！

我们种的母本有 16 亩地，父本只有半亩，相当于 300 平方米。冬天的时候要翻耕土地，等到来年四五月份就可以播种了。播种时得选好苗子，除草施肥要从每棵苗开始，选 10 棵苗进行标记。父本的叶子要长到 18 片才够强壮，母本的叶子一般是 14 片。

授粉的时候，两个人拉一根绳子，沿着田埂走，绳子一拉，父本的花粉就会飘到母本上。父本比母本高很多，花粉飘得远，授粉效果也好。授粉通常在 9 月份，那时候阳光最猛，适合花粉传播。父本开花期大概有 7 天，但真正适合授粉的时间只有 3 到 4 天。母本的授粉期大概是半个月，但和父本的花期重合的时间很短，所以得抓紧时间。

授粉差不多每天三次，每次两个小时。我们通常需要拉 7 天绳子，

口述

但真正有效的时间只有 3 到 4 天。如果花粉全部送到母本上，那产量就差不多了。授粉得看天气、温度和水肥管理。如果天气不好，下大雨或者刮大风，花粉就飘不起来，授粉效果就差了。水肥管理也很关键，父本和母本都得健康，叶子强壮，花粉才够多。

过去种田全靠牛耕，效率低得很。现在不一样了，机耕代替了牛耕，土壤翻得更深，肥料吸收得更好。机耕田深度能达到 30 公分，水稻根系发达，能促进它更好地生长。牛耕只有 10 公分深，在干旱时水稻容易被晒干死亡。

现在种田，化肥、农药和科学管理缺一不可。以前种两季稻，早稻和晚稻，年产量加起来也没有现在的单季稻产量高。东北大米是一季稻，靠的是科学种植和管理，产量高、品质好。我们南方现在也学着他们的方法，种一季稻，产量和品质都上去了。

这些年，我一直在想，乡村要发展，不能光靠种田。我们村现在人均一亩地，种地根本吃不饱。所以，很多人选择去打工或者创业。

这些年，我们村也搞了不少建设。从 2008 年开始，我们开展了美丽乡村建设，还有"千村示范、万村整治"。我们修了很多路，环境也改善了不少。我们需要提高老百姓的生活水平，如果还停留在以前的状态，那绝对不行。管理水平和生活水平必须同步提高。现在老百姓的要求高了，不能像过去那样简单管理。我们作为村干部，有时需要用魄力去证明自己。对于无理取闹的行为，得在该发火时发火，否则不行。比如种花，一个人种花，九个人想要摘花，这样就摆不平。你要做好人谁不会做？但要摆得平。

这些年，我们村一直搞家风建设，从 6 个方面进行筛选、评比和投票，选出 6 户典型进行宣传。比如教育之家、勤劳之家、孝贤之家等。我们从 800 多户人家中初步筛选了 80 多户，最后通过民主协商选出 18 户进行投票，最终选出 6 户代表。在重阳节期间，我们在农贸市场

"思想观念不能还停留在牛耕时代"

举办了表彰大会，表彰敬老爱幼的典型。这个活动规模很大，六七百人参加，街道和电视台都来了。

我们还有"七仙女巡护队"。七仙女队伍主要负责垃圾分类、河道保洁和庭院整治，这些活动都是村民自发组织的。今年我们的文艺队在全国广场舞比赛中获得了两个单项一等奖和团体二等奖。这不仅提升了村民的凝聚力，也展示了我们村的文化实力。

回头来说，科学技术是未来农业发展的方向。机耕、无人机、复合肥、科学管理，这些都是提高产量和效益的关键。这不只是技术问题，在思想观念上，我们也得跟上时代，不能还停留在牛耕时代。

口述

"让工业园区企业在村里安心发展"

口述者：

刘红亮，余杭街道义桥村党委书记

　　义桥村是 2003 年 10 月由原来的三个村——原义桥村、新和村、郎宅村——合并而成的，区域面积将近 10 平方公里。我们村有两个独特之处：一是处于苕溪北八村核心位置。周边村庄都与外县区有联系，而义桥村像"荷包蛋"一样夹在中间；二是我们村是八村中唯一拥有工业园区的村。这个园区最初在 2003 年进驻，后来园区规模逐渐扩大，目前占地面积近 2 平方公里。为安置拆迁户，我们规划了一个 204 户的农居点。未来随着园区扩容，可能还需要规划新的农居点，这也需要区里和街道上的支持。

　　义桥工业园区现在由未来科技城直接管理，招商也由他们负责，更注重引进高精尖的制造业企业，强调亩产效益。工业园区没有自己的生活区，员工的生活配套基本由村里提供。比如企业员工大多租住在村里，村里房子租满了，才会辐射到周边村。目前工业园区的外来人口大概有 5000 多人，比我们村的常住人口还多。

　　我们和企业是互利的关系。比如钱江制冷这样的企业，他们的员工很多都租住在村里，带动了租赁市场。我们也会为企业提供服务，比如协调用地、解决交通问题等。只有企业安心在这里发展，才能带动地方经济。

以前我们村很穷，但工业园区带来了大量外来人口，老百姓通过出租房屋获得了可观的收入。可以说，因为有"坐地收钱"的优势，现在，我们村老百姓的腰包比下陡门、洪桐、永安等村的村民要鼓一些。

但外来人口多也带来了管理压力，比如纠纷和报警次数增加。另外，为了解决生活污水处理问题，我们申报了项目，将大部分生活污水纳入工业园区污水管道，基本解决了污水外溢和臭气问题。

园区也为本村百姓提供了很多就业机会，比如可以在企业里当保安、保洁，或者做行政工作，甚至到生产线上工作。因为靠近工业园区，村民的市场经济意识更强了。比如修路时，村民会更计较经济利益，不像传统村庄那样讲人情。这种变化有利有弊，但总体来说，村子是朝着现代化方向发展的。

目前，义桥村集体经济收入来源主要有两块。第一，村集体资产的出租，比如厂房，一年收入大概两三百万元。第二，235国道的一个加油站，这是我们村自己立项建设的，通过招投标租给东恒石油，10年经营权卖了5385万元，相当于每年有四五百万元的收入。不含上级补助资金，义桥村集体经济年收入大概七八百万元，在城北几个村里，算是经济收入比较稳定的。

我们村的地形像一条带子，从上湖延伸到竹园。原来的义桥村区域以平原为主，新和村靠近工业园区，郎宅村则以山林为主。这种地理特点也影响了我们的经济发展方向。我们村目前主打"山地经济"，充分利用山林资源；同时，我们计划以"工业研学"为另一个主打方向，与两家主要企业合作：一家是钱江制冷，另一家是申昊科技。后者主要研发机器人，用于海洋、高铁和电力检修等领域，很有特色。

此外，我们还申请了余杭区的"未来乡村"项目，争取到600万补助，将原郎宅村村委会改造成为"一老一小"服务的"邻里中心"。我们本村有位老板，他在老砖窑厂改造了露营基地，还计划做咖啡酒吧等。我们"未来乡村"建设中的道路和停车场等项目，也将与他的农文旅项目互补，相互促进发展。

我觉得8个村组团发展的模式很好。每个村都在挖掘自己的资源和文化，打造自己的特色。如果8个村都能形成自己的亮点，就能吸引更多游客，推动整个余杭街道的发展。强村公司也可以更好发挥作用，将总公司的资源分享到各个村，形成一个整体推广的链条，比如以永安村为中心，向外辐射出洪桐、溪塔、义桥等村的特色，吸引游客过来游玩、消费。这样对每个村都有好处。

去年村集体经营收入只有70多万元，还要负担百岁幸福家等装修费用。

现在我们主要靠村级强村公司和沈家店项目来摸索发展，但投入和效益的平衡是个问题。比如仇山的自然风光和矿业遗产，如果没有投入，很难吸引游客。街道是给了800万元乡村造梦基金，但如果只是用来改造房子而没有效益，钱就白花了。我主张借鸡生蛋，先做出项目再谈收益。

口述

"溪塔村需结合自身优势做好差异化"

口述者：

沈华伟，余杭街道溪塔村党委书记

我是上世纪 70 年代末生人，2008 年回到村里工作，从治保主任做起，后来一步步当上了村书记，见证了溪塔村这些年的变化，也参与了很多重要项目。

溪塔村是一个风水宝地，承载了老余杭一半的文化底蕴。这里靠近老余杭城区，有舒公塔、古城墙、老县衙等历史建筑遗存，还有苕溪这样优美的自然景观。村南挨着老县城的地方，在古代是余杭县最繁华的区域，北片则是泄洪区和粮食种植区。通济桥是这一带的重要交通节点，过去没有禹航大桥时，人们只能靠摆渡船过河，直到 2003 年涵洞建成后才逐渐改善。

苕溪风貌带是我们换届选举后重点打造的项目。为了提升整体风貌，我们对舒公塔附近的宝塔村进行了整治，按照美丽乡村的标准拆除高墙、打造矮墙，并对庭院和基础环境进行了整治。我们还利用美丽乡村建设资金，把高架桥下的空间打造成儿童游玩区、足球场、篮球场和羽毛球场，方便周边居民使用。

这些改造是去年完成的，是我上任后启动的项目。今年我们还计划在苕溪边上建设第三个桥下空间，打造滑板场或集市，结合溪塔村的露营地和老樟树等热门景点，将整个苕溪沿线与"永安稻香小镇"贯通。这个方案早在三四年前就已经向街道汇报，得到了支持。我们主要选择城乡结合处和自然风貌较好的区域进行整治和建设，避免在房屋密集区投入过多资金。

我们村的耕地面积大约是4100亩，主要是水稻种植。虽然传统农业技艺逐渐被机械化取代，但村里也有一些种粮大户，对传统和现代农业技术都很熟悉。我们还计划在村子里打造一些特色项目，比如"共享菜地"和露营地，改善居民生活环境和休闲空间。

在以往的环境整治和"三改一拆"工作中，我们采取了先易后难的方式，先从威信高、容易做工作的农户开始，逐步带动其他农户。我们还利用数字化手段来管理村子，比如在服务中心放了一块大屏，可以直接点击查看村里的各个地方，不需要开车去现场。今年我还计划买无人机，加上喊话器，可以直接在空中喊话，比如发现违建或者秸秆焚烧，直接喊话制止。

在基础设施方面，我们计划建一个喜宴中心，方便老百姓办喜事。这个项目计划建在溪塔村的农居点口，占地500平方米，建筑面积1000平方米，用来办婚宴和家宴。这样可以避免老百姓在农田里搭帐篷办喜事，既方便又节省成本。我们跟街道城建办讨论了几次，预计需要200多万元。如果按时间建起来，可能会有60%的补助，村里需要出40%的资金，大约80万元。

我觉得溪塔村未来有很大的发展潜力。虽然不能像永安村那样建综合体，但我们可以做一些差异化的事情。比如，可以利用村子里的庭院和辅房，腾出一些空间给年轻人创业。农村环境好，空间大，停车也方便，很适合年轻人创业。我们已经动员过几次，也引进了几家业态，比如咖啡店、共富工坊等。

我们还计划在村子里打造一些特色项目，比如小吃街，整合村子

口述

里的几家特色面店，打造一个面食村。我们还可以利用村子里的传统特色，比如冬腌菜，考虑用真空包装，让更多人能尝到。

八村组团操作起来难度很大，每个村的区位优势和空间规划不同，一味组团反而会限制每个村的发挥。街道站在整体层面考虑，而我是从村的角度出发，单打独斗反而更灵活。溪塔村更像城市的边缘地带，因为它靠近城市，老百姓的行为和观念更城市化，也更难管理。比如，村民不太愿意参与到农家乐或者庭院经济中，可能是因为他们习惯了城市不被打扰的生活方式。另外，村里也特别缺少手艺人和会专门技能的人。

总的来说，溪塔村的发展需要结合自身优势，做好差异化。我们有信心利用现有的资源，把村子建设得更好。虽然面临一些挑战，比如空间有限、资金压力等，但相信通过合理的规划和努力，溪塔村一定会迎来更好的发展。

"自主性是竹园村发展的核心保障"

口述者：

刘国，余杭街道竹园村党委书记

竹园村其实是个很有意思的地方。我们村有 16 平方公里，1000 多户人家，但 80% 以上都不是原生村民。据我了解，大部分村民是在近 150 年到 50 年内从全国各地搬来的，有的是清末逃难来的，有的是抗战时期躲避战乱的。我爷爷就是从温州来的，靠做竹编的手艺一路来到杭州，最后在竹园扎下根来。

我大学是在浙江体育学院读的，2007 年毕业，本来是想回乡做一名体育老师，结果阴差阳错走上了村务工作者岗位。从 2007 年参加工作，到 2017 年当上村书记，整整 10 年。从 2017 年到现在，又干了 8 年书记。算下来，我除了农村工作，就没有其他社会经验了。刚进村时，我觉得村干部是"大官"，现在觉得村书记根本算不上什么官，但责任特别大。我们既要把上级的精神传达好、落实好，还要服务好村民，服务好每一户人家。

2017 年，也就是我当上村书记的那一年，为解决大禹谷项目的安置建房问题，我说服村两委班子和村民，让老百姓自己建房，村里帮忙管钱、管形状、管材料、管质量，解决了竹园村这个久拖不决的问题。三年农居点建设也让我自己成熟了很多。现在很多村民跟我说：刘书记，你现在是有点"裙边拖地"了（杭州俗话，本义是老甲鱼裙边又长又厚，形容老谋深算、高深莫测的人）。这种转变不仅是个人能力的提升，也意味着获得了村民的认可和信任。

2018年初，区里开始推动"乡村振兴"战略的落地实施。我围绕乡村振兴的五个要求思考了竹园村的发展方向。首先，下定决心要建配套服务用房。一方面，我们村的办公场地是1989年建的，已经满足不了现在的需求；另一方面，省里正在大力推进文化礼堂建设，我觉得这是个机会，可以更好地服务群众，同时也能争取到更多的荣誉和资源。

其次，我听了关于"三资管理"（资金、资源、资产）的党课，认识到资金是最贬值的保存方式，应该把它变成资产。我们村有4000多万元的集体资金，如果不盘活，这些钱就会闲置贬值。我当时觉得把资金变成房产，既能保值，又能通过出租增加收益。

建配套服务用房最大的挑战是疫情。2019年底我们刚刚完成招标，疫情就来了，工期延迟了几个月。虽然最终如期完工，但经济形势变了，原先设想的租金收益没有达到预期。有些村民甚至觉得我们做了错误决定。但我觉得，把资金变成资产的方向是对的；虽然短期内遇到了困难，但长远来看，资产的价值会逐步体现出来。

2022年我们村迎来了一个转机，余杭区农业农村局派来了一位职业经理人范立慧，帮助我们盘活闲置资产。通过努力，我们开始腾笼换鸟，把老村委改造成对外招商和宣发的阵地，吸引更多资源和项目进来；把新服务用房打造成村民的文化、经济、生产综合服务中心。接下来，我们会继续围绕乡村振兴的战略，把村庄的资产盘活，把集体经济做强。

在苕溪北八村中，与其他七个村相比，竹园村的独特性主要体现在自然条件和产业基础上。从地貌来看，我们村有70%以上是丘陵缓坡，20%左右是平地，还有一部分是水面，呈现出"有山、有水、有田、有湖、有河"的多样化景观。这在苕溪北八村中是非常独特的。比如永安村适合大规模水稻种植，义桥村依托工业区发展工业文旅，上湖村则走城郊结合的贤孝传承路线，仙宅村以家风文化带动产业。竹园村的地形更适合发展竹林和茶园，我们就采取了差异化发展策略，专注于竹和茶的深加工和品牌化运营。

职业经理人的到来为竹园村带来了全新的发展思路和专业的市场视角。比如，他帮我们推出了"禹上红"红茶，避开了与径山茶和西湖龙井的直接竞争。在市场营销和品牌建设方面，他还帮我们引入了现代化的管理理念和运营模式，让我们从传统的农业生产向高附加值的产业运营转变。例如，我们将竹和茶的文化价值融入产品设计中，推出带有地域特色的竹制工艺品和茶类衍生品。同时，我们也在探索线上线下结合的模式，扩大销售渠道，提升市场竞争力。

在文旅方面，我们计划依托竹园村的自然资源和产业特色，打造一条集自然风光、农业体验和文化传承为一体的精品旅游线路。我们正在规划竹林生态体验区，让游客可以亲身体验竹文化的魅力；同时，我们也在开发茶园观光项目，让游客可以参与茶叶采摘和制作过程，深入了解茶文化。我们还计划与周边村庄合作，共同打造区域联动的文旅线路。比如，与永安村的水稻产业结合，推出"竹茶稻香"主题旅游。通过这样的协同发展，我们希望将竹园村打造成为苕溪北八村文旅发展的重要节点。

八村组团发展是一个重要的机遇，我们会积极争取，充分利用这个平台带来的资源和支持。同时，竹园村有自己的发展目标和路径，我们也会按照既定的规划和步骤，脚踏实地地推进村内的产业升级和品牌化运营，走出一条符合竹园村实际的乡村振兴道路。我觉得，这种独立性和自主性，才是我们竹园村发展的核心保障。

口述

"平衡湿地保护和经济发展是一个挑战"

口述者：

钟伟良，杭州市余杭区国土绿化总站站长

余杭北湖的原生态条件很好，给我的感觉像是一个完全未经雕琢的原始空间。这里没有过多的人工痕迹，保留了大自然最本真的模样。但 2008 年左右，因为生态环境问题，北湖水面逐渐干涸，水鸟和草本植物开始减少。当时，芦苇丛生，水面被过多覆盖，导致鸟类无法栖息。这是长期失修的生态区域，所以修复过程中有很多困难。

最早的时候，对北湖湿地的管理以水利部门为主，那时候并没有湿地的概念，更没考虑到野生动物保护。水利部门的角度更注重防洪、泄洪、调节水位，更多是功能性地看待这些区域。但随着《湿地保护法》的出台和湿地条例的完善，我们逐渐开始重视生物多样性，尤其是对鸟类、野生动物栖息地的保护。

《湿地保护法》对我们来说是个很大的福利，它帮助我们排除了不少干扰，保护了鸟类和野生动物的栖息地。以前水利部门的思维是，这些地方可以干掉就干掉，水面要尽量减少。但从生物多样性的角度来看，有些地方，尤其是鸟类，它们需要水面来觅食，需要湿地来栖息。所以我们现在考虑问题时，更多的是协调水利和湿地保护的关系。

湿地保护的引入，确实改变了滞洪区的管理方式。从原来的纯粹防洪角度转向了更综合的考虑。以前可能更关心蓄洪量，关心容量是否足够；而现在，我们要考虑的不仅是防洪，还有湿地生态、物种保护。这两个方面虽然有些冲突，但经过沟通，逐步找到了一个平衡点。

在对北湖湿地进行保护时，我们进行了详细的调研，提出了保护方案，把湿地划分成多个功能区，核心区是生态保育区，禁止任何形式的开发；缓冲区则用于农田保护，甚至把周边村庄的农业区也纳入了湿地保护区。生态修复方面，重点是恢复水面，去除外来物种，像水葫芦、福寿螺这些。

在修复工作中，我们还设计了多个生境区域，依据不同鸟类的栖息需求，设计了9个园区。比如，鸟类喜欢水深或水浅的地方，我们就特别为它们设计了适合的环境。经过生态修复，水鸟数量逐渐回升。原来记录的鸟类种类是263种，最近已经增长到了315种，甚至包括9种国家一级保护鸟类，有白鹤、白头鹤、朱鹮、彩鹮、黄胸鹀、东方白鹳、白尾海雕、黑脸琵鹭、白枕鹤。像水蛭这种水质指示物种也变多了。总的来说，现在北湖的水质保持得还行，水鸟也比较活跃。

湿地中植物的选择也很关键。我们现在种植了一些水杉、乌桕、枫杨等耐水的乔木，这些树木的根系能够为湿地提供很好的生态支持。不过，湿地里并不一定要种树，有些地方也可以选择其他的植被种类。关键是要根据湿地的生态特性来选择适宜的植物，而不是一味地种植高大乔木，因为这可能会影响湿地的生态平衡。

最大的困难其实是外来物种的入侵。虽然这里的生物多样性很好，但有些外来的植物或动物种群扩展过快，可能会影响到本地物种的生长。所以我们也在不断监测、清除这些外来物种，以保证本地生态系统的平衡。

2023年11月30日，国家林业和草原局公布《陆生野生动物重要栖息地名录（第一批）》，余杭北湖湿地候鸟重要栖息地入选。这意

口述

味着未来在这个区域进行任何开发都需要经过严格的认证，确保不会破坏鸟类的栖息环境。

修复工程不仅保护了湿地，还推动了乡村振兴。周边的西安寺村和张堰村（均属于瓶窑镇），过去经济落后。现在，随着生态环境的改善，越来越多的人来观鸟、露营，节假日车流量大增，带动了当地的旅游业和村民收入。村民也逐渐开始参与到湿地保护工作中，环保意识有所提升。

随着生态环境的恢复，周边的关注度也在逐年上升。我们已经举办了几届观鸟比赛，每年的参与人数都在增加，这不仅提高了湿地的知名度，也让更多人意识到生态保护的重要性。北湖已经成为一个知名的观鸟圣地，大家对这里的生态保护工作非常认可。

除去生态修复以外，我们也曾提出把这片湿地划为保护区，但这件事并没有得到广泛支持。因为一旦划为保护区，地方上的开发可能会受到很大限制。当地的政府、居民，甚至一些企业，都担心这会影响到他们的发展和利益，所以态度比较谨慎。而且，湿地保护区一旦划定，意味着就不能再进行开发，这也是地方上面临的一个矛盾。

从生态保护的角度看，保护区的划定会带来很大的影响。最大的影响就是我们无法再对外开放开发了，生态红线一旦划定，那就意味着严格的保护措施。在这种背景下，很多项目可能就无法继续进行，特别是一些地方性的建设项目。所以，地方政府的考虑主要还是经济发展的需求。其实，湿地保护和经济发展之间的博弈在很多地方都存在，如何找到一个平衡点，确实是一个挑战。

未来，我们还是要注重水环境的保护，特别是水质的监控。生物多样性虽然在恢复，但也需要我们时刻保持警惕，避免外来物种的入侵。同时，城市化进程也要与生态保护相协调，保证生态环境不被过度开发。只有这样，生态保护才能持久、有效。

"计划把北湖观鸟大赛扩展到径山和南湖"

口述者：

沈秋，杭州原乡野地生态保护与研究中心创始人、执行主任

我们关注北湖的生态环境问题是从 2020 年开始的。当时北湖正处于湿地保护规划的阶段。我们和浙江观鸟会的老师们一起参与了规划，提出了以保护为主、适度开发旅游的建议。这个思路后来得到了认可，后续的开发也基本是按照这个方向来的。

2022 年，我们决定搞北湖观鸟大赛，想把北湖的生态价值展示给更多人。但那年赶上疫情，活动规模受限，只吸引了四五十名本地观鸟爱好者。到了 2023 年，疫情结束了，活动规模一下子扩大了好多，吸引了来自全国各地的 40 多支队伍、160 多名参与者。北湖观鸟大赛慢慢成了华东地区观鸟爱好者的重要聚会。

搞这个活动也遇到过一些挑战。比如，活动需要提前开放闸门，凌晨 6 点就开始观鸟，这对管理部门来说压力可不小。好在余杭区林业水利局给了我们很大的支持，交通引导、和村民协调这些事儿都帮着做了。观鸟爱好者们其实更关注活动本身，对那些附加的设施和服务倒没太多要求，这也是活动能顺利办下来的重要原因。

第三届观鸟大赛是在 2024 年 12 月 1 号办的，那天活动可热闹了。到了晚上 8 点，一共记录到了 149 种鸟类，比上一年增加了不少。特

别值得一提的是，我们还发现了白头鹤，这可是个难得一见的鸟种。过去几年因为干旱，鹤类很少出现在北湖地区，这次虽然只是短暂飞过，但也让大伙儿特别振奋。

这次活动还有个新变化，就是赛制延长到了 24 小时，从凌晨 0 点到晚上 8 点。很多参赛者为了抓住最佳观鸟时机，提前签到，自己选好观鸟地点。这样能避免错过日出后的最佳观测时间，毕竟那 10 到 20 分钟可是观测鸟类的黄金时段。

北湖的观鸟活动主要集中在北湖大桥和下陡门村这两个入口附近。仇山附近的小山坡也是个观鸟热点，尤其是林鸟观测特别集中。不过北湖范围很大，观鸟活动的区域也会根据需要调整。

截至目前，北湖观测到的鸟类现在已经有 315 种了，占浙江省总鸟种数的一半以上。作为一个湿地，这个数量可真是相当可观。这说明，这些年北湖的生态环境有了明显改善。这其中，北湖的综合保护工程起到了一定作用。工程主要集中在湿地恢复和水塘改造，清淤方面也做了不少工作。

关于北湖湿地的保护模式，我们申报了一个 OECM（Other Effective Conservation Measures，"其他有效的区域保护措施"）项目。虽然北湖不是传统意义上的保护区，但通过这种方式，我们以水利设施为基础，把生态保护和水利功能结合起来，实现了对野生动植物的有效保护。这是国际上比较流行的一种保护模式，可以填补保护区之外的生态保护空白。

观鸟设施也在不断完善。现在余杭区林水局新建了观鸟塔和观鸟科普馆。观鸟塔选址可是经过多次考察的，最后选的位置特别合适。科普馆是利用一座民国时期的老民居改建的，虽然过程中遇到些纠纷，但整体进展还算顺利。目前建筑改造已经完成大半。

未来，我们计划把观鸟活动的范围扩大到径山和南湖地区，形成

"计划把北湖观鸟人赛扩展到径山和南湖"

"北湖—径山—南湖观鸟赛"。这样不仅能为参赛者提供更多探索空间，也能分散活动压力，避免过度集中在北湖区域。不过这需要多个行政单位之间好好协调，目前还在讨论中。

口述

"老樟树是我们溪塔村的宝贝"

口述者：
宋伟荣，余杭街道溪塔村原党委书记

我在溪塔村当了 10 年村书记，之前还当了 15 年村长。亲眼见证了溪塔村从一个小村庄变成了现在的模样。

永丰村现在是溪塔的一个自然村，名字和永丰闸有关。永丰闸是用来调节水位的，旱季时能从南苕溪引水灌溉城北八村的田地。老百姓叫它"鬼火陡门"，因为那里晚上有些不明的光点，大家说是"鬼火"，其实只是水面反射。但这些地方总是被赋予神秘色彩。

溪塔村文化底蕴深厚，有很多古建筑，比如舒公塔，还有龙光庙，它原来有五间僧舍，人民公社时期曾办铁匠铺，现在迁建到原址的附近。村里还有很多这种小庙比如松阳庙，早些年交通不方便，大家走路去庙里，庙也成了村里人交流的地方。

苕溪的水情变化很大。我小时候经历过 1963 年的洪水，听老人说水进得很高，我看过老宅进水的痕迹，水位大概有两米多，房子一楼没法住人。后来每届政府都在加强治理，做了很多加固堤塘的工作。我们这边北塘的加固主要是村里自己负责的。我们这边是泄洪区，如果东边堤塘要挡不住水了（水位过高威胁到西险大塘），我们这边就得放水进来。

以前每年乡政府都会安排"冬修水利"，各家各户得分工，挑泥土加筑大塘。后来条件好了，南湖开发后，把那边的土运到我们这边，整个大塘的宽度和高度都加大了。

1996年那次，我们这边原本上面下令要开闸放洪水，当时的情况挺紧张。水位特别高，闸门拉不动，连拖拉机都来了帮忙，但还是拉不动。最后一刻，太阳出来了，水位慢慢退去，上游临安的青山湖水库也停止放水，我们这边南苕溪的水位终于降了下去。

现在的防洪设施明显好了很多，科技也进步了，南湖那边的引水入钱塘江的系统（指"城西南排工程"）也做了更完善的规划，水流调度更精准，风险小了不少。现在还有专门的巡塘队伍，每年汛期都会巡查，发现漏洞立刻修补。改建的新陡门泵闸站，不仅能排水，还能防涝，水位实时监控，确保不出大问题。

现在村里的发展政策变化很大，特别是土地使用，国家政策越来越严格。基本农田的保护是红线，动不得。以前大家能随便租地，现在要公开招投标，土地使用和征用都要透明。

土地问题对经济发展影响很大。现在要发展集体经济，必须用到土地指标，但建设用地指标有限，很多土地也不符合要求，比如有些土地是荒地，不算在指标范围内。我们村的土地面积大概有1万亩左右，跟永安村差不多，但永安村"稻香小镇"就发展得很好。我们这里地处老余杭城郊，土地问题比较复杂，整体发展有局限。

我们村的主要发展方向是保护耕地的同时，发展一些特色产业。比如利用闲置土地，发展小规模的农居点、旅游业或相关项目。政府已经开始在这方面做规划，但整体还是以保护为主，不能轻易改变土地性质。

村里有几棵老樟树很有名，是咱们村的宝贝，就在苕溪岸边，至少有上百年了。最早可能是有人种的，后来在修北塘时，大家特别注意保护它。村民对这棵树感情特别深，大家都觉得它像长辈一样，有点灵气。保护樟树和发展并不冲突。我们在进行土地开发和项目规划时，会尽量避免破坏这些自然资源，保护樟树周围的环境，保证它们的生长空间，这也是我们村在发展中考虑的一个重要因素。

"老樟树是我们溪塔村的宝贝"

"从江南山水中汲取蓝染设计的灵感"

口述者：

程渐泓，余杭街道永安村人，余杭区蓝染制作技艺非遗项目传承人

　　我本来是做服装设计的，做了十几年。2018 到 2019 年，我在 Zara Home 的家纺部工作，那时扎染和蜡染的印花图案非常流行。在研究这些工艺时，发现我们家乡其实也有这样的传统工艺，只是大家都不知道。很多人认为蜡染和扎染是少数民族的专利，其实不是。这种工艺在全国各地都有，只是有些地方的保存比较完善，比如云南大理和贵州。

　　一开始我也不知道余杭有这种传统，后来问了我老公的奶奶。她是老余杭街上的人，给我推荐了一些老艺人。我拜访了一些，但大多数人年纪很大了，沟通起来很困难。还有一些老物件也不见了，房子也翻新了。我还去了贵州、云南等地学习，甚至从那边引进了菌种。但贵州和云南的气候跟我们这里差异很大，他们的菌种在这里很难养活。像贵州的空气里都弥漫着优质的菌种，随便一个小水洼都能养，但我们这里不行。

　　我最开始是在家里的车棚里做蓝染的，家里场地比较大，前面还有田地。我父母也很支持，帮了我很多忙。我从种兰草籽开始，种的是蓼兰草，一种一年生的草本植物。

我们这边主要是用蓼兰，而贵州那边用的是马兰，也就是南板蓝根。马兰更耐寒，适合山地种植。我们这边也种过一批马兰，冬天放在室内也能活，生命力很强。不过，蓼兰的出蓝色汁液率更高，叶片中的原靛素含量更高，染出来的颜色更湛蓝。但最后的染色效果还是取决于菌种的状态。蓝草最终要变成蓝靛泥保存，用多少泥染多少布，蓼蓝做的蓝靛泥可以染更多布。

一开始我种蓼兰时遇到很多困难，第一次出不了苗，后来发现是窝太深了。其实蓼兰本来是一种杂草，生命力很旺盛，根系发达，茎躺在地上就能生根。第二年都不用撒种子，第一年掉下去的种子自己就能长出来。

在车棚里做蓝染两年后，我们在"永安稻香小镇"的玻璃房有了正式场地，那个场地不大，只有50平方米，只能做个展厅。再加上那个场地的属性是"石榴家园"项目的一部分，属于共享的公共空间，我们没办法充分利用。后来就找了现在的场地。

这里的氛围特别好。这排房子是当年村里知青的宿舍和谷仓，还有他们挖的井和防空洞。我喜欢这里的大树和安静的院子。房子可以建造，但这样的树和自然环境是无法复制的。《向往的生活》剧组在我们试营业期间找到我们，来这里取景拍摄。节目播出时我们连墙都没刷完，黄磊和何炅老师还说"好漂亮的小院"，现在他们要是看到，肯定会觉得更美了。

我们现在主要做伴手礼和饰品，因为这些产品单价低，客人更容易接受。服装暂时不做，因为成本投入太大了。我们想先从小的品类开始，慢慢培养市场。我们线上线下都有做。线上主要是小红书。线下主要是通过场地吸引客人，让他们来体验蓝染工艺。

很多客人愿意花时间参与整个过程。之前有一对从南京来的情侣，在这里待了一天，亲手做了情侣装。还有上海过来的设计师，他们对自己的作品要求很高，染出来的衬衫特别好看。我们现在的推广主要是依托场地和故事。客人来到这里，可以静下来听我讲述蓝染的历史和文化，感受周围的氛围，然后再慢慢接受我们的产品。

我们的蓝染图案还是有一些地域特点的，但余杭留下来的老物件很少，标志性的东西不多。我们现在的设计更多是从江南山水中汲取灵感，和其他地方的蜡染、蓝染还是有区别的。

我觉得蓝染工艺的未来发展潜力很大，现在需要找到一种既能保留传统又能适应现代市场的方式。我们打算明年多做几个账号，比如伴手礼一个，饰品一个，场地一个，但主要的切入点是场地。客人喜欢这里，才会来体验，然后接受我们的产品。我们也会继续参加各种活动，慢慢把品牌做起来。

乡村创业面临的最大挑战还是土地问题，比如土地性质、合同不完善、续租难等。除非是租那种干净的地（指产权清晰），或者直接跟村集体合作，否则很容易踩坑。我们希望场地有一定的氛围感，不能只是在一堆民居里，那样体验感和展示效果都不好。

"打破信息壁垒是乡村发展破题的关键"

口述者：
洪云峰，余杭街道永安村强村公司供应商

我之前在深圳做电商，主要经营农产品。刘松在镇江工作时，跟我分享了通过物联网二维码实现认养模式的构想，比如让消费者能看到自己认养的鸡或猪的成长过程。这个想法让我很感兴趣。我就萌生了做可视化农业的想法。

2020年，刘松考上了永安村的乡村CEO，邀我去看看。我去了之后，发现这个村子很有意思。2021年，我参与了永安村的开镰节活动，策划了稻田写生、稻田音乐、浑水摸鱼和长桌宴等活动，效果非常好。我们还开通了抖音账号，通过字节跳动对接了几个小网红推广，其中"铁头"博主的一条视频播放量接近700万，村子的人气一下子上来了。2022年，我又回到永安村参与了丰收节的策划，主要负责选达人。

2023年，我正式常住在村子，接手村子的数字化项目，从5月13号开始发视频，到9月底数据就基本完成了。我们有几个视频爆了，比如讲长寿菜的视频，在视频号上播放量达到250多万，在抖音上有900多万。

我们的直播主要是围绕共享菜地和认养模式展开的。很多城市孩子不认识蔬菜，我们就在直播中教大家认菜。我们每天早晨6点开播，夏天则选在早晨和傍晚。有一次，我们直播数西瓜，结果发现客户种的西瓜少了3个，最后发现是隔壁家的人摘错了。还有一次，我们讲青椒变红的故事。

我还参加了浙江省首届直播电商大赛，"禹上稻乡"获了"直播超星"优胜奖。

2024年，我们正式启动了"永安米酒"项目。跑了安徽、福建和浙江的8家供应链，最终选择了安徽绩溪的一家工厂合作。他们的品质最稳定，还能做一件代发，节省了很多成本。我们希望通过直播和销售，带动村民参与打包发货，增加他们的收入。

我们还在推进春播培训计划，主要是针对村民的电商技能提升，我们在8个村招了63个村民，目前已经上了7堂课，计划总共开设50节课时，内容涵盖短视频拍摄、直播技巧等。这个培训是街道出资，真正服务于老百姓的。很多村民想做直播，但对规则和拍摄技巧不太了解，通过这个培训能帮他们快速上手。

2025年，我们计划重点发展线下销售，已经谈了5个线下项目，成了3个，效果还不错。我们还在多个平台布局，比如抖音、视频号、小红书和快手，接下来会用直播解决多平台同步的问题。

目前我算是永安村强村公司宣传外包的供应商，负责直播项目，按项目结算。但也经常帮村里做一些额外的事情，比如拍宣传片、做招商手册等。

我目前的精力主要集中在永安村这边，但对苕溪北八村也比较熟悉，经常开车去各村调研，拍下了每个村的闲置资产，制作了招商手册。希望通过引导更多年轻人来乡村，激活这些闲置资源。如果每个村能招引1—2个新业态，整个区域就会很有活力。

我感觉八村组团发展最大的挑战是各村对资源的掌控和协调。好的资源，有些村不愿意拿出来，不好的资源又没有用。闲置资源的利用也是一个难题，信息不对称导致很多人想来乡村发展却找不到合适的地方。我们可以通过自媒体宣传和招商手册，打破这种信息壁垒，吸引更多人来乡村投资和创业，这可能是乡村发展破题的关键。

"情怀在乡村振兴中的作用是有限的"

口述者：

陈霞斐，余杭街道永安村人，径山名宴创始人

这些年永安村的变化对村民收入的影响还不是太明显，普通村民参与度不高，生活基本还是老样子，平时上班，周末打麻将、看电视，精神生活不算丰富。我工作后接触的多是高端企业家，他们的思想认知与村民完全不在一个层面。比如，我经常思考如何做有价值的事情，但村民觉得能吃饱就行，这种认知差异让我和他们的沟通非常困难。

我对土地有很深的感情，但要完全回到乡村生活难度也很大，因为乡村的教育、医疗、商业配套都跟不上。现在交通发达了，但乡村要真正发展起来，还需要很多努力。小时候我们胆子很大，几个小孩骑自行车就能跑很远，父母也不管我们，那种自由的生活现在想想还挺怀念的。但现实是，乡村要吸引年轻人留下来，还需要很多改变。

不过，话说回来，我们村的年轻人大多也不愿意远走他乡。我们村离未来科技城很近，很多年轻人都在城里工作，但户口还是保留在村里。像我的户口就一直留在村里，没想过搬到城里去。其实，我们现在的生活算是集城市和乡村的优点于一身。虽然有时候也会觉得不方便，比如快递服务还没有完全覆盖，但总体来说，生活已经很舒适了。我觉得我们村其实已经发展成了一种新型的农村生活方式。我们离城

口述

市很近，年轻人可以在城里就业、看病、娱乐，晚上又能回到乡村居住，享受田园风光和健康的生活节奏。

当然，这种模式可能只适合像我们这样离城市较近的农村。像那些偏远山区的农村就困难多了，年轻人不得不背井离乡去外地打工。相比之下，我们村因为临近杭州这样的大城市，拥有很多就业机会，年轻人留村的概率就高了很多。

我对乡村振兴的具体政策不太了解，但从感受上来说，永安村的变化还是不错的。比如路修得更宽了，村民的生活质量确实有所提高。乡村振兴让老百姓有了一种"国家终于回馈我们了"的感觉。像我父母那一代人，以前为国家付出了很多，现在国家发展起来了，确实该反哺农村。村里的老人们特别满意，比如我奶奶就经常说，现在国家多好，今年又发了 1000 块钱补助，她特别高兴。

说到旅游，我发现现在火起来的地方，其实都是我们小时候玩过的地方。比如苕溪边上，以前我们春游、野炊都在那里。现在这些地方成了年轻人打卡的网红景点，尤其是疫情期间，露营经济一下子火了起来。每到周末，苕溪边上都是扎堆的帐篷和露营的人。

村里有些人想开发旅游项目，比如在中苕溪或内河上做游船，搞一些特色餐饮。我去看过那个地方，从餐饮的角度来说，我觉得手续和配套是个大问题。首先，餐饮的营业执照和消防审批很复杂；其次，那边的大环境还不够成熟，比如停车位、交通便利性都有局限性。

再说苕溪船娘宴这类项目，卖的是情怀，但能有多少人会真正买单？我们永安人对这片土地有感情，可能愿意为这种情怀买单。但外地人呢？他们的情怀在自己的家乡，不在我们这里。

我觉得"情怀"在乡村振兴中的作用是有限的。它可能吸引一小部分人，但无法成为主要的经济支撑。如果只看情怀，可能最后只是自娱自乐，没有任何实际的经济效益。

乡村振兴更应该关注如何通过地域特色来吸引游客。比如，我们永安村的大米种植和加工业，它能提供高质量的产品，满足游客的实际需求。游客来我们这里，可能更多的是为了体验当地的生活、品尝安全地道的食物，而不是为了感受某种虚无缥缈的情怀。

　　我觉得乡村振兴需要一些更理性的思考。不是所有的项目都适合这里的村庄，也不是所有的情怀都能吸引年轻人。我们村离城市近，生活便利，这种优势是很多偏远农村没有的。如果真的要开发旅游项目，我觉得应该结合村里的实际情况，而不是一味地追求情怀或者模仿其他地方的模式。关键还是要提供高质量的服务和体验，让游客觉得物有所值。如果只是为了省钱或者追求新鲜感，游客可能会来一次，但第二次就不会再来了。

"打造未来科技城白领的第三空间"

口述者：
王琦，余杭街道竹园村乡贤，乐栖谷游乐场创始人

我从小到大，除了高中在镇上读，幼儿园、小学、初中都是在竹园村完成的。小时候，村里的生活充满了乡野乐趣。春天采茶，冬天挖早笋和冬笋，这大概也和我们村的名字"竹园"有关。读书的时候，学校还会组织我们去娘娘山下水库露营，背着大锅小锅去野炊。

回到村里做这个项目，和童年的记忆以及对老家的乡土情怀都有很大的关系。项目选在竹园村的一个山坳里，这里原本很荒凉，人烟稀少，不会影响到村里的居民。村里的年轻人大多出去工作了，留下来的主要是老年人，他们晚上休息得比较早，所以我们把营地建在这里，白天能带来人气，晚上也不会打扰到村民。现在营地已经运营了一年多，带动了周边的发展，比如农家乐、房屋出租等。未来科技城的一些企业还把这里作为他们的团建基地，越来越多的年轻人开始往竹园村跑。

我们很多员工都是本地村民，从保洁到绿化养护，现在大概有十几个人在营地工作。像这样的营地我们在余杭还有其他几个地方也在建。村里用土地入股，占51%，我们占49%，双方一起盈利。这种方式对村里来说，每年都能有稳定的收入，还能解决部分劳动力的问题。

正式开业是2023年10月1日，这一年多来，人流量还不错，客

户来源主要是未来科技城和杭州市区的人。以前他们可能不会来竹园村，但现在这里成了他们的一个活动基地。白天主要是亲子团建，晚上的客群则完全不同，很多"摩驴"会来这里，冬天围着篝火聊天，一直待到很晚。像奥运冠军邹市明、冉莹颖也来过这里打卡，还有很多网红也来过。

现在营地大约有三四十顶帐篷，还有一些临时的集装箱建筑，用于观景和休息。周末天气好的时候，停车场根本不够用，路上都堵得不行。未来我们会进一步完善基础设施，比如增加停车位和住宿条件。我们准备在这块空地上建一栋楼，提供住宿和餐饮服务。这块建设用地花了两年时间才批下来，村里也积极参与，占股合作。

我们整个品牌叫"乐栖"，寓意"快乐栖息的地方"。我们希望打造一个集休闲、娱乐、团建于一体的户外品牌，吸引更多城市人到城郊来体验自然。未来我们还计划丰富业态，比如在山上种蔬菜、养鸡，让孩子们来体验采摘和烹饪。我们还准备开设一些户外自然体验课程，这对他们的成长非常有帮助。

我们主要通过线上渠道推广，比如小红书、抖音、哔哩哔哩等平台。我自己也是个喜欢玩的人，尤其喜欢骑摩托车，通过我的朋友圈和骑行俱乐部的资源，很多摩友也成了营地的常客。他们会主动分享这里的好玩之处，带动更多人过来。

竹园村的位置非常好，夹在青山湖科技城和未来科技城中间，又有之江实验室这样的大项目在附近。我觉得竹园村完全可以成为乡村振兴的一个标杆。村里可以规划一些创新型的住宿和街区，结合户外运动和乡村文旅，吸引城市人过来放松和体验。这里可以成为科技城白领的"第三空间"——白天在城里工作，下班后10分钟就能来到村里享受自然，周末还能带家人来度假。这种模式既能带动村里的经济，又能为城市人提供一个逃离钢筋水泥的场所。

　　　　　　　　　　　　　　　　　　口述

重构

稻田和麦田：与土地对话的视觉诗篇

这两样事物绝不可能被理性化：时间和美，人必得从这里溯源。

——西蒙娜·薇依《选集》

一年四季把自己"种在土里"

稻田之上，蛙声如潮，这是生态的礼赞。我是这礼赞的惠及者。这惠及不仅来自自然的馈赠，更来自我对土地与作物逐渐深入的凝视与理解。于是，我追着风，追着雨，追着作物的生长节奏，用镜头捕捉那些细微的变化。在我心中，对自然和生命的敬畏如同滋润土地的雨水，悄然无声却深沉有力。

2023 年 11 月，我与刘旻入驻永安村，成为这片土地上既无耕作技能又无农事经验的"新村民"。我们居住的房屋是村里为人才引进而特地从村民手里租来的留居住宅之一。这栋三层独栋楼房孤傲地矗立在广袤的田野间，周围三面是成片的农田和零星点缀的鱼塘。这里是永安村永久基本农田的核心区块。每年，这片土地主要进行两季轮作。

一季是水稻。水稻是永安村的灵魂作物，每年5月底播种，经历幼苗期、分蘖期、拔节期、孕穗期、抽穗期、扬花期和灌浆期，直到11月收割，历时约五个月。另一季是冬小麦，12月播种，经历出苗、分蘖、越冬、返青、起身、拔节、孕穗、抽穗、开花、灌浆、成熟，直到次年5月收割，时间跨度近六个月。偶尔，田里也会间种一些油菜，为这片土地增添一抹金黄。

我们的房屋就被这些作物包围着，四季更迭，从繁茂的绿色到灿烂的金黄，仿佛是自然的画布，不断变换着色彩。院墙和院内的樱花树成为各种鸟类的停栖之地。尤其是白鹭，它们最初将我们视为闯入者，只要我们出现在院子里，它们便立即飞离。大概一两个月后，它们逐渐适应了我们的存在。每天早上7点左右，布谷鸟甚至会准时站在我的窗外，用清脆的叫声将我唤醒。

4月中下旬，田野里开始响起蛙鸣。黄昏过后，雄蛙招引雌蛙，叫成一片，每每持续到深夜。夜深人静时，除了乡村公路上的零星路灯，四周一片漆黑，蛙鸣成了暗夜里唯一的声音。起初，这声音让我无法入睡，但我很快意识到，这其实正是这些生灵对所处生境的肯定。作为同一生境的惠及者，我开始将这声音视为自然的乐章。它成了我的催眠曲，也成了我与土地对话的一个入口、一种路径。

我的家乡在安徽省石台县。童年时，县城周边有很多田地。周末，我们常常跑到秋浦河边的草地上玩耍，途中需要穿过一片田野。摔进田里，浑身泥巴是常有的事。那时候，我对田地毫无兴趣，甚至怨恨它让我挨了不少父母的训斥。

后来，我成了一名记者。尤其是近十年，我走遍全国乡村，进行调研、采访和拍摄。然而，我从未将田地里的作物作为创作的核心。田地更多只是背景板，用来衬托在其中劳作的人们。

如今，我就住在这片土地之上，每天与它肌肤相触。田地和作物

重构

不再只是背景，它们成了我生活的一部分。我对土地、对作物、对光顾的鸟类、对这片土地上发生的一切渐渐产生了浓厚的兴趣。这让我开始重新认识这片土地，与村干部、老年人和村里的种粮大户聊天，既没有明确的目的，也无需刻意追寻和构建系统，更多是为了清除我对这里的认知盲点。但无论是碎片化的闲聊，还是相对系统化的记录，都在逐步拼合出一幅完整的认知图景。从生产生活到历史人文，这片土地的故事逐渐在我的脑海中成形。

作为一名摄影师，这片土地层积的地方性知识，成了我创作的内核。它不再只是背景，而是我镜头中的主角。进入拍摄阶段，我并没有给自己设定明确的目标，而是"跟着感觉走"。这种随性的方式更容易唤起我内心对这片土地的情感。

这片土地，正如它从未曾被过度书写一样，也从未曾真正被影像深度记录。

我是从麦子的成熟阶段开始我的拍摄的。我会选择晴天的清晨或傍晚这两个黄金拍摄时段，站在麦田中，起飞航拍无人机，俯瞰金黄的麦田。在上帝视角下，大地显现出丰富多变的抽象景象。有些种植密集的麦田里，因连续几天的大雨和大风，大片的麦子呈 45 度左右的倒伏状态，显露出如动物皮毛一样的质地，处处刻绘着风的痕迹。麦子收割前，我会背着相机，追随着在麦田里忙碌的村民。他们把倒伏的麦子扶起，用麦秆一把捆住，让它们重新站立起来，迎接自动收割机锐利的刀锋。

在麦子即将收割的前两天，总是有大量从江苏省一路驶来的收割机队伍抵达，在永安及周边各村的 3 万亩农田里往来穿梭。伴随着机器的轰鸣，金黄的麦子迅速脱离养育它们的土地，即将成为养育人和动物的食物——生命的链条以土地为依托，环环相扣，完美衔接。

记录下宏阔的场景后，我背起相机，想踏入麦田之间，寻找自己向米勒致敬的那种劳动细节。但是，现代化的耕作和收割方式，已使人与土地、人与劳动的深层联系变得稀薄。我的细节镜头捕捉终究难以达成。

米勒的《晚祷》与《拾穗者》以农田为诗篇、农民为纽带，展现了人与自然的关系。画作既敬畏自然，又歌颂劳动者尊严。现代农业使耕作更高效，但也削弱了人与土地的联系。机械与科技让农民从体力中解放，却也使土地沦为生产资源，劳动的意义被重新定义。效率提升了，但与自然的亲密却消逝了。

英国艺术史家约翰·伯格曾在《观看的方式》一书中指出，艺术中的劳动形象往往是对人类与自然关系的隐喻。这种关系在米勒的作品中得到了最直接的体现：劳动者的身体与土地融为一体，他的劳动不仅是生存的手段，更是对自然的一种虔诚回应。

如今，我又该怎样审视这片土地？这成了我立足于这片土地进行创作的一个待解命题。

从前我的镜头对准的更多是人和故事，如今作物和土地成了主角。这种视角的转换，让我重新审视自然与人类的关系。作物不仅是粮食的来源，更是土地与人类对话的媒介。每一株水稻，每一棵麦穗，都同时承载着自然的律动与人类的期望。

于是，我开始一年四季择时把自己"种在土里"。冬天霜降，刚刚从泥土里伸展出的嫩绿的麦苗，成了我观察的对象，阳光还没有照射到大地，我便匍匐在土地上，用微距镜头，观察霜打在麦苗上，在渐渐升起的阳光照射下，发生千变万化的神奇细节；春天来了，我还是在清晨扑在麦田里，看露水在每片麦苗上凝结成一个个晶莹剔透的露珠；夏天麦子成熟时节，我在麦田里，用微距镜头捕捉一颗颗粮食饱满的模样；秋天，我还会支起摄像机，复刻下大风抚过稻田时所形成的金黄色波浪，并用视频和声音的形式，记录下风和

重构

作物的自然对话。

在一年四季轮回的拍摄中，有一个景象我过去从未见过，那就是鸟儿、人和土地的共舞。收割后的麦田与稻田，就像一片片被剥离了外壳的躯体，泥土的气息扑面而来，湿润而浓郁。旋耕拖拉机的轰鸣声划破了寂静，铁犁缓缓推进，泥土被一层层翻开。一时间，蚯蚓、泥鳅与昆虫，这些原本隐藏在黑暗中的微小生命，突然显露在阳光之下。

这只是故事的开始。随着旋耕拖拉机节奏鲜明的步伐，成百上千的白鹭与牛背鹭翩然而至。它们的羽翼在阳光下闪烁，仿佛一片片被风卷起的纸张，轻盈、优雅，充满灵性。它们俯冲、啄食，动作迅速而精准，像是技艺高超的舞者，在一场即兴的表演中捕捉每一个稍纵即逝的瞬间。泥土的芬芳、鸟类的鸣叫与机械的轰鸣交织在一起，形成了一种奇异的和谐。这是人类劳动与自然呼应之间的对话。

每一次把镜头聚焦在稻田与麦田，我记录的都是这片土地的呼吸与生长。从前，我只是匆匆过客，只看到表面的风景。如今，我成了这片土地的一部分，开始用镜头与它对话。这是一种双向的交流。我在记录土地的同时，土地也在塑造着我。这让我对自然与生命有了更深的理解。

作为土地的新村民，我无法复刻农人的辛劳，却能用镜头铭刻他们的痕迹。每一帧都是传承，让土地的故事生生不息。

北湖草荡晨雾中的坠落与寻觅

北湖草荡是一处被历史浸染的独特地景，兼具地理特征与文化积淀。我带着相机和无人机多次造访这里，想要记录这片区域的真实面貌。意外的是，无人机在此坠毁过两次——这些失败恰好促使我重新思考拍摄的初衷。

我所追寻的不只是视觉上的风景，更是这片土地背后沉淀的故事与记忆。或许艺术创作的意义，正是在于发现和传递这些潜藏的情感脉络。

第一次坠落：晨雾中的消逝

2023 年 12 月 14 日，清晨。下陡门村被一层轻纱般的晨雾笼罩。田野、中苕溪、北湖草荡，一切都在这晨雾中变得朦胧而梦幻。6 点52 分 25 秒，我站在一片被雾气包裹的田野上，手中握着无人机的遥控器。显示屏上的画面宛如一幅流动的山水画——稻田的交错、河道的蜿蜒、草荡的辽阔。就在我试图调整角度，捕捉这瞬间的奇观时，画面忽然翻滚，紧接着消失。撞击发生了。无人机未能识别六七十米高空中的电线，坠入了苕溪的河道。

遥控器的 GPS 显示，无人机大概落在河道中间的某处。水面浑浊，水下隐约可见乌黑的淤泥和深色的水草。气温在 10 摄氏度左右，河水冷冽。我决定下水寻找。少年时代在河边长大的经历让我对这样的环境并不陌生，但我并未急于行动，而是等待大雾散去，阳光洒满大地，寒风也变得温和了一些。

环顾四周，这片偏僻的田野空无一人。我脱去长裤和羽绒服，赤足踏入河水中。淤泥松软，脚底突然被不明物划伤，感觉疼痛。我在浅水区适应了一会儿，随后缓缓走进齐腰深的水域。

浑浊的河水和丛生的水草让搜寻变得异常困难。每次拔腿移动，淤泥被搅起，都使视线更加模糊。眼前的河水变成一片灰乳色的混沌。我决定上岸，等待河水重新清澈。

我拨通了妻子刘旻的电话。她的安抚让我稍感宽慰，尽管身体依然冰冷。我驾车回家，冲了个热水澡，冻僵的身体逐渐恢复活力。

中午时分，我回到河边，通过无人机的"找飞机"功能，重新确认了定位。援军已到，下陡门村委会的邵主任，他们的乡村CEO沈燕，还有擅长打鱼的吴师傅，他骑着机动三轮车拖来"渔船"——一块长180厘米、宽80厘米、厚30厘米的泡沫板。这块泡沫板载着吴师傅和邵主任稳稳地在水面上行驶，邵主任用遥控器指引方向，吴师傅用锄头插在淤泥中作为标记。水深一米左右。

吴师傅以标记点为中心，用竹竿划水，轻轻浅浅地搜寻。淤泥和水草是最大的障碍。两个小时过去，搜寻范围从几平方米扩大到几十平方米，依然无果。吴师傅换上全身防水服，下水用手脚摸索，仍旧一无所获。

我们分析，可能是定位偏差或其他意外因素导致搜寻失败。我决定叫停搜寻，并对大家的帮助深表感谢。

傍晚，我们去了医院清理脚上的伤口，并打了破伤风针。走出医院时，脚上的疼痛配合着街头的寒风，让我走路有些摇晃，竟添了几分黑色幽默。每一个物品都有它的归途。这片区域，我会深深地记住，为我的侵扰感到抱歉，也为我的"轻型三花猫"无人机的逝去感到痛惜。它的坠落，仿佛一场无声的告别，而我的寻觅，则是对这场告别最执着的回应。

第二次坠落：湖水深处的秘密

2024年3月23日清晨，我站在苕溪堤塘上，手持遥控器，起飞航拍无人机。无人机飞越芦苇荡，悬停在一处直径百米左右的小湖泊上空。我正通过遥控器操控拍摄着水杉林和池塘的晨光美景，正巧一群白鹭飞跃湖面。我降低无人机高度，镜头对准它们齐飞的壮观景象。然而，就在画面即将定格的那一刻，无人机误判水面为地面，自动降落，瞬间沉入深水。信号消失的刹那，我的心也随之沉入了湖底。

站在堤塘上，我启动"找飞机"功能，GPS定位显示它沉入湖心附近。沿着GPS提示的路线，我穿过芦苇荡，踏过泥泞的小路，最终来到湖边。荒野之地四处无人，我脱下外套，试图徒手搜寻。

　　我找到一根枯死倒地的大树，它长约三四米，直径十几公分。我把大树推向水面，踏入稍感刺骨的湖水中。水没过我的小腿、膝盖、大腿，直到胸部，每一步都伴随着柔软的淤泥和未知的触感。我继续往前，发现脚已经够不着地，遥控器提示的GPS定位点还在六七米外。于是，我借着大树的浮力，两只胳膊攀住树干，手持遥控器，用脚缓慢地拍打水面，一点一点地往前移动。

　　终于，我到达了目标区域。确认位置后，我将遥控器放回岸上，再次下水。这次，我在木头的浮力支撑下，尝试垂直下潜。下潜到3米深时，我不仅看不到湖底，甚至连自己的四肢都看不清楚。这种浑浊和未知的深度，让我感到不安，同时也吸引着我对这个隐秘湖泊的想象。或许水下藏匿着什么东西，或者什么巨大的水生物。我对自己想象的这种险境，感到莫名的兴奋。

　　为了搜寻安全，我决定改变策略。我记得附近有户人家，水潭旁绑着几个救生圈。于是我开车返回，找到那户人家，借到一个儿童救生圈。虽然大的救生圈已经晒裂，但小救生圈完好无损，浮力足够。我把救生圈和大圆木绑在一起，用一根四五米长的救援绳连接，另一端系在自己的手腕上。这样，一旦下潜时感到不适，我能迅速上浮并攀附在救生圈和木头上。

　　为了探测湖水的深度，我在岸边找到了一根四五米长的竹竿，推着救生圈和木头进入目标区域。我先用竹竿往下扎。竹竿完全没入水中后，依然触不到底。接着，我又下潜了约3米，手持竹竿继续往下扎，依然无法触及湖底。这意味着湖水深度已经超过七八米。水下的浑浊和极低的能见度让我意识到，用手摸索寻找无人机几乎是不可能的事。

重构

无人机在坠落时，会随着螺旋桨的惯性偏离落水点，水越深，沉到水底的具体位置越难以确定。

考虑到水下环境的复杂性和危险性，我决定放弃继续下潜。我回到岸上，穿上衣服，离开了那片区域。湖水吞噬了我的无人机，也吞噬了我的一部分好奇心，但它让我对这片荒野的敬畏更深了一层。北湖草荡的深邃与神秘，仿佛在提醒我，自然的伟大远非人力所能企及。

几个月后，我与北湖草荡周边的村民聊起了这次经历。钟国民，一位五十多岁的中年男子，他的家就在下陡门村，是种粮大户。他告诉我，这片湖泊在当年村民挖沙时曾挖到 20 多米深，即便如今泥沙沉积，水深估计仍然有 20 米左右。这个数字让我感到震惊和无力。我曾自不量力地以为，仅凭一根竹竿就能探到湖底，甚至幻想能够徒手潜入水底找回无人机。

附近张堰村里的文化特派员吴云水告诉我，这片湖泊承载着许多故事。从亘古的传说，到近代的考古发现，再到人类的生产痕迹，这片湖泊仿佛是一个历史的见证者。他说，过去村民挖沙时，曾挖到良渚文化时期的玉璧。这让我更加好奇，北湖深处隐藏着多少秘密。

湖水深处，水生植物在淤泥中扎根，鱼类在深水中游弋，微生物在黑暗中繁衍。这些生命构成了一个完整的链条，维持着这片湿地的生态平衡。每一次降雨，每一次洪水，都会重新搅动北湖里的这些生命，让它们在动态中寻找新的平衡。

两次坠机后，我渐渐读懂这片土地的脾性——它抗拒被居高临下地解读。苕溪的弯曲是流动的年轮，北湖的暗涌藏着未说尽的往事。这些地景本身就在进行着永恒的大地创作，我的镜头不过是在捕风捉影。那些看似徒劳的寻找，实则是地景在提醒：真正的相遇需要俯身倾听。我在它的褶皱里拾捡时光碎片，而它正以沉默教授我关于存在与缺席的辩证——有些痕迹注定属于土地，有些顿悟只能留给过客。

约 6 周羽毛丰满后完全独立。

　　沈耀祥找来一个纸箱，小心翼翼地将老母鸡和小鸡放到纸箱里。他准备将它们送到三公里外的蔬菜大棚里，那边食物丰富，也避免养殖场的两只橘猫打小鸡的主意。

　　沈耀祥养殖的许多三花鹅，见到陌生人时，会昂着头在田地里发出嘶哑的叫声，随后迅速跑远。田间没有围栏，我便问沈耀祥，这些鹅会不会跑丢。他笑着回答："它们聪明得很，不会跑远，更不会跑丢。"

　　鹅的活动范围比较固定，它们的领地意识强，习惯在固定区域觅食、栖息；群居性也强，都是在领头鹅的带领下活动，行动一致；经过长期驯化的大鹅已经适应了人工饲养的环境，依赖固定栖息地，也不会轻易跑远。

　　迁徙季节（春3—5月/秋9—11月），天鹅会暂栖鹅群中补给休整，享受一段"吃喝不愁"的生活，过后，它们会与大鹅告别，继续迁徙，这是鸟类对资源的巧妙利用。

　　沈耀祥养殖的鸭子是德国野鸭品种，产蛋率非常高。母鸭通常在五到六个月大时开始产蛋，如果食物充足，每年能产下 300 多枚蛋，远超过普通鸭的 150 到 200 枚。

　　春来时，母鸭会隐匿于溪边林丛中筑巢，以高草落叶掩护躲避天敌，包括两只"监守自盗"的 1 岁橘猫——它们偶尔会偷食幼禽，留下羽毛痕迹。

　　母鸭每天或隔天下一次蛋，直到巢中积攒了 8 到 12 枚蛋。然后，它会静坐在巢中，用体温孵化鸭蛋，只在觅食或喝水时短暂离开。经过 25 到 28 天的孵化，小鸭破壳而出。它们先在巢中停留一天，待身体干燥、羽毛蓬松后，便跟随母鸭离开巢穴，回到田地和浅水潭中。小鸭天生会游泳，紧紧跟随在母鸭身后，在水面上划出一道道细小的波纹。

接下来的几周，母鸭寸步不离，悉心教导小鸭如何觅食和躲避危险。小鸭的成长速度非常快，6到8周后，羽毛已完全长齐，并具备了飞行的能力。到了8到10周，它们开始独立生活，在水潭和田地间游荡，寻找食物，逐渐形成自己的小群体。至此，母鸭的任务完成，再次融入大鸭群中，等待下一个春天的到来。

在田间，沈耀祥精心种植了一片片蔬菜。肥沃的土壤孕育出茁壮的菜苗，叶片宽厚，茎秆挺拔。然而，每到成熟期，收成却总是不尽如人意。傍晚时分，当田地和农舍归于一片宁静，栖息在附近湿地中的野鸭便会从北湖和南湖成群飞来，钻入菜地，专挑最嫩的菜叶啄食，吃饱后振翅离去，留下凌乱不堪的菜畦。

沈耀祥偶尔会低声抱怨几句，但很快便释然了。他说，这些野鸭从湿地飞来，嘴巴格外挑剔。打过农药、施过化肥的菜，它们碰都不碰。它们来吃，恰恰证明他种的菜是真正的生态产品。渐渐地，这一消息传开了，朋友，甚至朋友的朋友，都专门前来购买他的蔬菜。

73岁的沈志联以前是种植专业户，如今退休了也没闲着。自从儿子沈耀祥开始种菜，他每天骑着电动车去菜地帮忙，育肥、播种、摘菜一样不落。他常对人说："土地是个宝，只要勤劳就会丰收。"话不多，却透露着老农朴实的道理。

北湖草荡：荒野之境

北湖草荡以其季节的变幻吸引着我。春夏的苍翠中，百鸟齐鸣，生命勃发；秋冬的荒芜里，宁静深沉，张力充盈。风在怒吼，雨在轻抚，而我内心深处，渴望一场大雪——那是我对荒野最纯粹的想象。我不知道自己在寻找什么，或许是某种无法言说的东西，像一根无形的绳索，牵引着我，让我一次次深入这片荒野。

我在寻找什么？也许是我镜头中短暂定格的那一瞬间；也许是我耳边回荡的自然交响；也许是荒草在风中起舞的狂野姿态；又或许，我只是想将自己完全包裹在这片荒野里，直到脚底的酸痛提醒我时间的流逝，直到最后一丝霞光沉入娘娘山的背后。

每次离开，我都像从野性的梦境中醒来，重新被人类的羁绊束缚，带着一种难以言喻的遗憾和充盈的想象力，回到那飘着咖啡香的温室。

我找到了什么？没有。但我未曾失去。在这里，我似乎握住了整个荒野的力量。

湖泊

海德格尔说，艺术作品是物的裂缝——光从那里涌入。

此刻的北湖正以液态青铜的质地向我展开：春晨的光刃剖开雾气，两只初生野鸭的蹼掌划破镜面，水纹如喷气式飞机在钴蓝画布上拖曳的尾迹。这是自然界的即兴蚀刻，唯有当瞳孔卸下理性的栅栏时，偶然性才会显影。

北湖的湿地沼泽，随着季节而变幻。每年的5月到9月，雨水充足，湖面扩张，甚至作为泄洪区的北湖，一旦泄洪，散落的水洼便集体湮灭，形成一个面积接近西湖大小的湖泊。从地理位置来看，处在余杭区中心的北湖，仿若一个银色巨肺。

湖泊表面平静，但内里丰富。春天，湖水清澈，微风拂过，波光粼粼，吸引着空中的飞禽翩翩而下；夏天，风浪波动，湖泊中沉积的泥沙被搅动，显得浑浊，有种深不可测的昭示；秋冬，越冬的鸟类稀少了些，湖面更加宁静，似乎在静默中积蓄着生命的力量。这种变化让我看见湖水不只是水，它还是生命的映像。

湖泊是孤独中的慰藉。在这里，我深入自我，不受外界的干扰。湖泊的清澈水面能激发人对"清澈思想"和"纯粹感知"的追求。人类应当像湖泊一样，清澈，能反射周围的事物，但不因这些事物而受污染。

我从不同视角观察湖泊，更重要的是，我能感受到湖泊的温度、脾性和孤独。我不再执念于创作本身，而是在内心表达的时候，让创作自然而然地发生。

暮色中，湖水开始分泌汞蓝色的忧郁。我忽然理解梵高为何要在疯癫前夜描绘星月夜：所有伟大的创作都是灵魂的泄洪，而艺术家不过是替湖泊说出那句——"我在这里，始终在场"。

森林

森林、海洋、沙漠、冰川、洞穴……这些地方对人类有一种原始的吸引力。它们是未知的，是危险的，但它们唤醒了我们内心深处的某种东西。

北湖的中间地带有一片水杉林。严格来说，它并非真正意义上的森林，远未具备森林的复杂性。然而，它给予我的包裹感，让我仿佛置身于森林深处，可以心无旁骛地观察每一个细节。

从春到秋，这里栖息着成千上万只白鹭、大白鹭、夜鹭。在林中行走，我看到鸟类繁衍生息，也看到它们自然死亡后坠落的尸体，慢慢腐烂，成为土地的养分。森林、动植物、微生物，甚至细菌，构成了完整的生态系统。

我是闯入者，唯恐惊扰它们，但我又被它们深深吸引，心怀敬畏步入其中，融入它们的能量场。

森林是庇护所，也是未知与挑战的空间。它是灵魂的避难所，让人在远离社会喧嚣的地方找到宁静与平和。树木的坚韧、土壤的滋养，让我感受到自然界的支撑。现代社会的压力让人远离了自然，而森林可以帮助我们恢复内心的平衡。

森林象征着自然界的原始力量和生命的无限潜力。每一棵树、每一株草，都展示着生命的活力。它也象征人类内心的复杂性。我们常常在自己内心的"森林"中迷失，面对未知时产生恐惧与迷茫。森林提醒我们要勇于直面内心的未知，只有走进这片"黑暗"，才能感受真正的自我。

森林的存在本身就是一种深刻的智慧与美。在森林中，我是与其共生的存在。森林中的每个生命都有其价值，人与自然的关系应当是平等的，而非人类对自然的控制。

艺术家伊特卡在她的《森林》影像作品中写道："我走过的路是我回头看见未来的路。"我被这句话所传递的欲说还休的意味迷住了。我时常在自己的意识里把时间的沙漏倒转，不断地在过去、当下和未来穿越，似乎想探明一些事情。在我们的生命中，总有一些不能命名、形容的事情，它们就在那儿。正如海德格尔所说，艺术作品除了物的因素外，还有某种别的东西。那么，我所执拗于探明的，就是"某种别的东西"。

起风

"起风了！"每次在我所住的孤悬在田野里的屋子里听到风声从窗户的缝隙里发出尖锐的呼啸声，我尤其兴奋。

我拉开窗帘，透过窗户玻璃，我能够看见风从麦苗、抽穗的麦田、稻禾、金黄的稻田扫过，从田里种下的这两种作物的四季生长中掠过。这一切温柔而激励人心。

我对自然凸显性格的气象尤其着迷，它让田野里、荒野里的生命格外有生命力。风、雨、雾、雪，都是我体验自然多样性的不同视角。

大风的天气，我最热衷的就是一头扎进北湖草荡的荒野之中。在这里，风的形状和气质来自它掠过的可以塑形的事物：树、水、草，等等。

风在与树木、草地、水面接触时，会根据这些物体的特性改变自己的表现方式。它吹过树梢时，树叶晃动，枝条摆动；它拂过湖面时，水面泛起波纹。风的形态是它与其他自然元素之间关系的反映，自然界的互相依存与互动。

风象征着精神的流动和自由。它总是自由地流动，不受拘束，穿越森林、山谷，掠过湖面，带来变化与新鲜感。

而雨，滋润着这片土地。亘古以来，雨自天而下，倾泻惊人，让旱地变成泽国。雨对于农人，是生命之源，而暴雨，也是令他们敬畏的自然力量。随着经济和科技的发展，对暴雨形成的洪流进行科学的疏导和防范，人们受灾的频次也越来越少。所以，暴雨，于这片土地，是一部可歌可泣的人与自然博弈的生命史。

梅雨季节，我能够在几乎蓄满水的苕溪看见暴雨形成的洪流那狂暴的样子。我遇到过多年不遇的水位告急的苕溪向北湖草荡泄洪的时刻。北湖的宽阔闸门打开的那一瞬间，沸腾激流在闸口扩音器尖利的警报声的伴奏下，如同一群冲破栅栏的猛兽，向低洼处俯冲而下，发出低沉的轰隆声，势如破竹。

雾，四季不缺席。夏季大雨后的清晨，我曾见过最壮观的雾。远处的树木几乎被淹没，而高处的树梢却清晰可见。通过无人机的俯瞰视角，大地与天空之间隔着一片无边无际的雾，如纱帐般笼罩着田陌、村庄和山丘，如诗如画。

而雪……我驻留了两年，依旧没有遇到这片土地白雪皑皑的景象。每次收到雨雪预报，通常飘下的只是短暂的肉眼难觅的小雪花，而新闻报道里的都是几十公里外的高海拔山顶的大雪景象。气候变暖，大地是能够用事实证明的。于是，雪与这片土地的因缘，也是我至今的期盼。

在我心中，自然从未以平和的姿态存在，而是以各种力量展现其丰富性。田野和荒野，正是它性格的缩影。在这里，每一个生命都充满活力，令人着迷。

连我自己都很意外，至今，我脑海中印象最深的画面，是在冬日的北湖草荡的荒野中，我压低身体，几乎坐在土地上，专注于观察一大片在风中起伏的茅草。其中一根长长的茅草，在劲风中狂舞，仿佛要挣脱大地的束缚，努力探向空中。

重构

2024 年 1 月 2 日，茗溪晨雾。

2025 年 2 月 24 日，永安村一户农家的菜园栅栏。

2024 年 12 月 15 日，永安村，霜冻的麦苗。

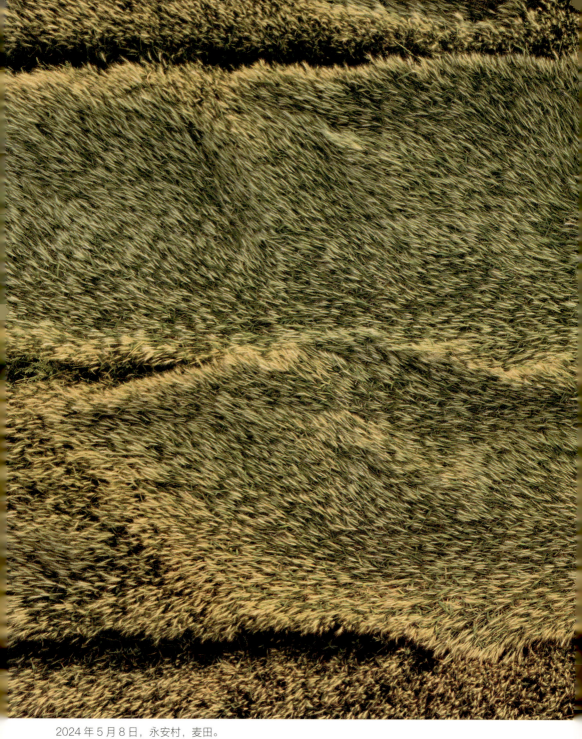

2024 年 5 月 8 日，永安村，麦田。

2024 年 6 月 29 日，茗溪和北塘。

2025 年 2 月 23 日，下陡门村的废弃铁道。

2024 年 10 月 18 日，下陡门村的废弃铁道。

2024 年 5 月 10 日，北湖草荡的夜鹭幼鸟。

2024 年 5 月 9 日，北湖草荡的白鹭和幼鸟。

2024 年 3 月 19 日，北湖草荡湖中的树枝上栖息着夜鹭。

2024 年 5 月 10 日，北湖草荡，水杉林中一只飞翔的白鹭。水杉林栖息着数千只白鹭、夜鹭等鸟类。

2024 年 7 月 3 日，永安村，苕溪堤塘上，归圈的羊儿边走边吃新长出的嫩草。

2025 年 2 月 19 日，北湖草荡内的小湖泊。

2025 年 2 月 19 日，北湖草荡一片水杉林倒映在湖泊中。

2024 年 1 月 9 日，北湖草荡一处湿地。

2025 年 3 月 4 日，北湖草荡，风中舞蹈的茅草。

2024 年 1 月 2 日，冬季的北湖草荡，恍若洪荒之地。

2024 年 1 月 2 日，冬季的北湖草荡的日出。

2024 年 7 月 2 日，洪水季节的下陡门和永安村与北湖草荡接壤的景致。此时，雨后天放晴，阳光破晓而出。

余言

参与观察与深度访谈的内容，包括新老农人和他们的背景，包括年龄、职业、生活经验等，基于访谈，分析他们对土地流转、防洪治水和稻作文化的认知，对村庄治理、乡村建设经营、农村生活形态等变化的看法，探讨人们如何与自然环境互动、如何组织社会生活，如何反映出空间—社会复合体的特征。

茗溪北八村的持续性存在，揭示了稻作文明独特的适应性策略：通过将水利技术转化为文化制度、使生态知识具象为身体实践、让历史记忆嵌入物质景观，构建出多层级的缓冲系统。在全球化冲击下，这种文化生态系统展现出惊人的韧性——当无人机在圩田上空编织出新的数据网络时，耕种者手心的茧纹仍保持着木耜的握痕。这或许正是中华文明延续五千年的微观机制：在变革中保持深层结构，于创新里存续文化基因。

除文中受访者之外，也特别感谢以下诸位在本书采访和成稿过程中所给予的协调与帮助（排名不分先后）：陈冰兰、赵焕明、王维强、金志梅、谢国刚、詹炳轮、沈祝其、黄建坤、母鹏斐、王坚水、熊云虎、屠美芳、王天启、肖凤兴（97岁）、郎阿明（92岁）、吴桂花（80岁）、王波、谢楠、陈木状、王慧平、沈燕、李松、江峰、王雪山、谢小清、方亿菲。